영

광기와 매혹, 멀고도 가까운…

김경욱·서곡숙·송영애 외

Le Monde +

| 목차 |

4   서문 – 권력, 멀고도 가까운…   김경욱

제1부 — 권력의 광기와 매혹

11   〈아임 낫 스케어드(I'm not scared·나는 두렵지   김 경
     않다〉: 전복적 매혹, 소프트 파워

19   히틀러 추종자들의 초상   김경욱
     : 〈의지의 승리〉, 〈한나 아렌트〉, 〈메피스토〉

34   스톱모션 애니메이션에 침투한 따뜻하고 서늘한   김희경
     권력의 광기: 〈기예르모 델 토로의 피노키오〉

47   다큐멘터리영화 〈김군〉: 국가 폭력의 광기   서곡숙

제2부 — 권력에 대한 네 가지 시선

75   기후 영화Cli-ci를 생각하기   김경수

96   이상적인 정치 영화를 꿈꾸며   김채희

119 〈더 메뉴〉: 평론가, 예술가, 관객의 위치   김현승

132 반-정치의 이미지를 향하여   이현재
      : 세르히 로즈니차와 이미지 윤리의 정치

제3부 — 권력의 가장자리에서

149 〈정이〉와 〈더 문〉에서 작동하는 미래 권력의   송영애
      폭력성

163 〈정말 먼 곳〉: 권력으로 강요된 정상성과 강   윤필립
      제된 젠더성에 대한 도전

177 〈레벤느망〉: 여성의 재생산권과 국가와 문화   정문영
      권력

참고문헌

권력, 멀고도 가까운…

《르몽드 디플로마티크》의 「르몽드 시네마크리티크」에 영화평을 쓰고 있는 필자들은 영화와 관련한 주제를 선택해 2018년부터 매년 영화평론집을 출판해왔다. 2023년에 선정된 주제는 '권력'이다. 11명의 필자 가운데 다수가 이 주제에 손을 들었을 때, 머리에 떠오른 영화 또는 글의 방향이 있었을 것이다. 얼핏 비슷한 생각을 한다고 예상했으나, 11개의 원고를 모아놓고 보니, 같은 주제를 필자 각각의 개성에 따라 참으로 다양하게 펼쳐놓았다. 근대 이후의 '권력'이 구체적이면서 추상적이고, 끊임없이 영향을 미치면서도 명확하게 감지되지 않는 속성을 가졌기 때문인 것 같다. 다시 말해서, 우리 시대의 권력은 노골적으로 잘 드러나지는 않지만, 한편으로는 매우 미시적으로 인간의 신체와 개인의 내면 깊숙이 정교하게 침투하고 있다. 그러면 11개의 글에 대해 간략하게 살펴보자.

제1부, '권력의 광기와 매혹'은 권력이 다양한 영화 속 인물들에게서 구현되는 양상을 다룬 글을 모았다. 김경의 「〈아임 낫 스케어드〉: 전

복적 매혹, 소프트 파워」는 영화 〈아임 낫 스케어드〉를 통해, 권력이 정치권력이나 경제 권력 같은 거대 담론뿐만 아니라 포스트모더니즘 이후 일상 혹은 개인의 정체성 등 미세한 영역에까지 다양하게 작동하는 문제를 다뤘다. 김경욱의 「히틀러 추종자들의 초상: 〈의지의 승리〉, 〈한나 아렌트〉, 〈메피스토〉」는 히틀러의 파시즘에 경도된 감독 레니 리펜슈탈, 히틀러의 절대 권력에 굴복해 인간 기계로 전락한 관료 아돌프 아이히만, 그리고 권력과 명성을 향한 열망으로 히틀러 정권에 부역하는 기회주의자의 화신인 배우 헨드릭 회프겐을 살펴보았다. 김희경의 「스톱모션 애니메이션에 침투한 따뜻하고 서늘한 권력의 광기: 〈기예르모 델 토로의 피노키오〉」는 카를로 콜로디의 소설 〈피노키오〉를 판타지와 전쟁, 파시즘 이야기를 접목해 새롭게 각색한 〈기예르모 델 토로의 피노키오〉를 분석했다. 권력의 형태는 전쟁과 파시즘을 통해 명확하게 드러나지만, 언제나 거대하고 구체적인 모습을 띠는 것은 아니다. 이러한 권력의 또 다른 형태는 피노키오를 창조한 인물 제페토가 피노키오를 통제하려는 욕망을 통해 잘 드러나고 있다. 서곡숙의 「다큐멘터리영화 〈김군〉: 국가 폭력의 광기」는 '김군 찾기'를 통해 5·18 광주민주화운동의 진실을 추적하는 영화 〈김군〉에 나타난 국가 폭력의 광기를 고찰했다. 이 영화는 과거의 역사적 학살과 현재의 역사적 상흔을 함께 보여줌으로써, 국가 폭력의 잔인성을 드러낸다. 학살과 죽음의 공포, 가해자/피해자 전도와 처벌, 진실의 훼손과 오명을 통해, 국가 폭력의 광기는 소름 끼치게 정당화된다.

제2부, '권력에 대한 네 가지 시선'은 색다른 관점에서 권력을 바라본 글을 모았다. 김경수의 「기후 영화Cli-ci를 생각하기」는 기후 위기

를 소재로 한 블록버스터 〈투모로우〉에서 시작해, 자연과 인간의 상호
작용을 다룬 영화 〈퍼스트 리폼드〉, 〈그린나이트〉, 〈프리가이〉, 〈우연과
상상〉 등을 통해 기후 영화의 탄생을 조명했다. 김채희의 「이상적인 정
치 영화를 꿈꾸며」는 먼저 〈꽃잎〉, 〈그때 그 사람들〉 등 이전 시대의 정
치 영화와 〈전쟁은 끝났다〉, 〈퍼스트 카우〉 등 진정한 정치 영화를 살펴
본 다음, "우리가 사랑하는 영화는 금지하는 모든 것을 금지해야 하며,
이 세계의 운동을 포착할 수 있는 진정한 자유로움을 가져야 한다. 그런
이상이 달성될 미래의 어느 때, 진정한 정치 영화가 등장하는 바로 그
때, 영화는 마침내 이 세계와 하나가 될 것"이라고 주장한다. 김현승의
「〈더 메뉴〉: 평론가, 예술가, 관객의 위치」는 영화 〈더 메뉴〉에서, 음식
과 영화라는 메타포와 서사 전체를 알레고리화하는 연출을 통해 현실
의 예술 시장을 재현하는 양상을 살펴보았다. 예술가는 제작사의 부당
한 요구를 수용하며 작품을 만들고, 그렇게 완성된 작품은 권위 있는 평
론가에 기대어 명성을 쌓는다. 자본의 논리는 예술의 제작, 홍보, 평가,
관람 등 모든 요소에 걸쳐 뿌리내려 있다. 이현재의 「반-정치의 이미지
를 향하여: 세르히 로즈니차와 이미지 윤리의 정치」는 벨라루스에서 태
어나 우크라이나에서 성장한 세르히 로즈니차 감독의 작품을 살펴본
다. 복잡한 정체성을 지닌 로즈니차 영화에서 나타난 정치적 태도는 어
떤 특정한 진영에 있는 것이 아닌, 정치로부터 완전히 탈피된 인간의
모습을 지향한다. 이미지를 정치에서 최대한 멀리 떨어뜨려 놓으려는
로즈니차의 시도는 역설적으로 정치적인 주장으로 읽히게 만든다.

제3부, '권력의 가장자리에서'는 주류 사회에서 소외된 이들에
게 권력이 작동하는 양상을 살펴본 글을 모았다. 송영애의 「〈정이〉와

〈더 문〉에서 작동하는 미래 권력의 폭력성」은 SF영화 〈정이〉와 〈더문〉
이 미래를 배경으로 하고 있지만, 여전히 특정 기업체를 중심으로 한 경
제 권력이 가장 강력한 권력으로 작동하는 점에 주목했다. 주인공들은
동의와 계약을 통해 권력관계 속에 편입되고 무지막지한 권력의 폭력
에 갇혔다가 마침내 벗어나기 위한 몸부림을 시작하게 된다. 윤필립의
「〈정말 먼 곳〉: 권력으로 강요된 정상성과 강제된 젠더성에 대한 도전」
은 영화 〈정말 먼 곳〉에서 퀴어 남성이 직면하게 되는 삶의 위기를 살펴
보았다. 이를 통해 이성애자 중심의 한국 사회가 가하는 비이성애 혐오
와 차별이 권력화되어 가는 과정과 그것이 개별 퀴어 남성들에게 내면
화되어 자기혐오로 이어지는 과정을 분석했다. 정문영의 「〈레벤느망〉:
여성의 재생산권과 국가와 문화 권력」은 〈레벤느망〉을 중심으로 불법
낙태 시술을 다룬 여러 편의 영화를 통해, 기술 과학 시대가 오히려 경
쟁적으로 신재생산 기술을 촉진하면서 여성의 재생산 과정에 공격적으
로 개입하고 있는 것은 아닌가 질문한다. 그렇다면 우리는 여성의 몸과
재생산에 대한 폭력과 억압을 더 강하게 의식하고, 자기 몸에 대한 통제
력을 스스로 행사하고자 하는 여성의 재생산권을 더욱 절실하게 주장
해야 한다.

　지금까지 간략하게 살펴본 것처럼, 11명의 필자는 권력을 바라보
는 각자의 관점에 따라, '영화'와 '권력'을 연결해 다채로운 결과물을 만
들어냈다. 이 책을 통해 독자들이 영화와 함께 우리 시대의 권력이 표면
으로는 잘 드러나지 않지만 미시적으로 더욱 정교하게 영향을 미치는
현실을 되돌아보기를 바란다.

　코로나 팬데믹 이후, 여러모로 더욱더 어려워진 상황에서, 이 책을

함께 만든 11명의 영화평론가, 르몽드 코리아의 성일권 대표, 조은수 디자이너와 편집부의 모든 분께 감사드린다.

2023년 11월
필자를 대표하여
김경욱

1

권력의 광기와 매혹

〈아임 낫 스케어드〉
: 전복적 매혹, 소프트 파워

김경

동국대에서 영화이론 석사와 박사수료 후 South Baylo University에서 한의학
으로 석사, American Liberty University에서 한방정신분석학으로 박사 학위를
받았다. 영화사와 방송 프로듀서(PD)로 기획과 연출, 시나리오 작업을 했으며, 영
화제 프로그래머 및 부집행위원장을 역임했다. 『이만희』(2005)는 영화 〈만추〉 복
원작업의 결실이었으며, 『멜로드라마란 무엇인가』(1999)에서 김기영 감독의 〈하
녀〉 연작을 썼다. 〈신성일론〉, 〈이미숙: 두 개의 입술-양성적 카리스마〉 등 배우론을
통해 섹슈얼리티를 탐구했고 임권택 감독의 〈서편제〉와 〈족보〉를 통해 한국성을 모
색했다. 정신과 몸에 대한 치료적 접근으로 영화와 한의학을 접목시키는 작업을 하
고 있다. 《르몽드 디플로마티크》에 「김경의 시네마크리티크」를 연재 중이다.

영화 〈지중해〉(1991)로 유명한 가브리엘 살바토레 감독의 〈아임 낫 스케어
드(I'm not scared. 나는 두렵지 않다)〉는 이탈리아 남부 시골의 비밀스
럽고 잔혹한 현실을 알게 되는 열 살 소년 미카엘(주세페 크리스티아노)
의 성장 드라마다. 미카엘은 우연히 땅속 토굴에서 기이한 생명체를 발견
하게 된다. 귀신인지 사람인지, 죽었는지 살았는지 모르는 미카엘은 호기
심과 두려움으로 밤새 뒤척이다가 다시 그 토굴을 찾는다. 미스터리 스릴
러처럼 전개되던 첫 장면이 끝날 즈음 미카엘은 그가 동갑내기 백인 소년
필리포(마티아 디 피에로)라는 것을 알게 되고 비로소 긴장을 늦춘다. 그
러나 그가 왜 비밀스러운 지하에 감금되어 있는지는 여전히 알 수 없다.
나중에 미카엘은 자기 부모뿐만 아니라 마을 어른들 모두 공모한 범죄, 부

감금된 필리포를 발견하는 미카엘

유한 북이탈리아 소년 필리포 유괴사건에 대해 알게 되지만 그가 필리포를 돕는 것은 위험천만하다. 미카엘은 필리포를 구하기 위해 토굴 접근 금지명령을 어기고 심지어 필리포를 위해 자신이 대신 총에 맞기도 한다.

〈자전거 도둑〉(비토리오 데 시카, 1948)의 소년 브루노가 2차 세계대전 직후 피폐한 이탈리아에서 생존을 위해 자전거 도둑이 되는 아버지를 지켜봐야 했던 것처럼, 이 영화에서 미카엘은 1970년대 이탈리아 남북 분열과 혼란의 시기에 아버지와 동료들이 유괴범이고 심지어 마을 전체가 공범이라는 현실과 마주하며 혼란과 불안에 휩싸인다. 이 영화는 암울했던 1970년대 이탈리아 '납의 시대'(Years of Lead: 남북 이탈리아가 분열하여 갈등이 깊었던 사회정치적 혼란기로서, 이탈리아 역사학계에서 그 당시 사회가 흡사 납과 같은 무거운 것이 짓누르고 있던 시기라는 의미로 이처럼 부르고 있다.)를 이탈리아 남부의 한 소년의 시선을 통해 묘사했다.

영화의 선택 권력: 소년, 소년을 만나다.

영화의 첫 장면에서 카메라는 음산하게 얽힌 뿌리를 패닝(Panning)하며 불길하게 울어대는 까마귀로 옮겨지고, 이어서 드넓은 노란 밀밭과 천진난만하게 뛰어노는 아이들을 보여주는 광각 트래블링 쇼트로 전환된다. 어두운 땅속에서 광활한 밀밭으로 이동하는 롱테이크와 함께 음악도 피아노에서 현악 앙상블로 바뀐다. 음산하고 어두운 지하 세계는 음악과 함께 분위기가 극적으로 바뀌며, 밝고 따뜻하고 희망적인 장면으로 선회한다. 피아니스트이자 지휘자, 작곡가인 에지오 보소 음악감독은 이 영화를 통해 영화 작곡가로서의 역량을 유감없이 발휘한다. 사실 이런 양면성, 극적인 선회는 이 영화의 중요한 주제다.

예컨대, 남과 북이탈리아, 어둡고 밝은 피부색의 소년들, 가해자와 피해자, 어른과 소년 등 이 영화는 이분법적인 내러티브로 강한 메시지를 전달하고, 감독은 이 영화를 통해 그 두 고리를 묶어내고 싶다는 정치적 의지를 보인다. 이렇게 첫 장면의 대조적 씨줄과 날줄은 마지막 장면, 두 소년의 포옹까지 매우 치밀하고 의도적인 태피스트리를 구성하며

미카엘과 필리포의 우정

거시적이고 동시에 미시적인 이데올로기를 관철한다. 얽히고설킨 뿌리는 이탈리아 내부의 살벌한 정국이자 두 소년의 우정이다.

영화는 얽힌 뿌리가 내포한 의미와 어울리는 스릴러로 시작한다. 영화의 전반부를 장식하는 스릴러 적 감성은 지하 토굴에서 시작하여 진실을 덮고 있는 아름다운 밀밭 , 그리고 다시 필리포가 갇혀 있는 지하로 내려오며 수미쌍관의 서사를 따라간다.

두 소년의 우정은 필리포가 미셸과 함께 노란 밀밭에서 유쾌하게 뛰어노는 천진무구한 그 순간부터 계급과 피부색을 초월하여 기존의 권력 구조에 도전하는 과정을 거쳐, 가슴 뭉클한 포옹에서 절정을 이룬다. 미카엘이 필리포 대신에 유괴범 아버지의 총에 맞게 된 것은 상징적 의미에서 숭고하다. 소년들은 자신들도 모르는 사이에 이탈리아의 정치적, 경제적 거대 담론에 의해 감금되고 억압받지만, 자신의 희생으로 이를 극복하고 성장한다. 그리고 거대 권력구조를 전복한다.

미카엘과 필리포는 '납의 시대'를 압축하는 시기와 장소, 1978년 이탈리아 남부에서 만난다. 정확히는 미카엘이 납치 감금된 필리포를 '발견'한다. 땅 밑 구덩이에 감금된 필리포는 굶주린 채 짐승처럼 족쇄가 채워져 있다. 비록 살았는지 죽었는지조차 알아보기 힘든 처참한 모습이지만 금발에 하얀 피부의 필리포는 부유한 밀라노, 전형적인 북부 이탈리아인의 모습이다. 이와 대조적인 구릿빛 피부와 검은 머리카락의 미카엘은 남부 이탈리아인의 모습이다. 이들은 각각 부유한 권력자들인 북부 이탈리아와 가난한 시골남부 이탈리아를 상징하는 아이콘이다.

미카엘과 관객은 아름다운 밀밭 아래에 숨겨진 추악한 비밀을 알게 되고, 유괴는 이 마을로 상징되는 이탈리아 남부 전체의 흔한 범죄 중 하

북 이탈리아의 아이콘 필리포

나라는 것도 알게 된다. 그리고 이러한 사회문제를 드러내고 싶은 감독
은 이미 미카엘과 필리포 등 소년들을 배우로 선택하는 과정에서 영화의
태생적 권력의 하나인 선택의 권력을 사용하고 있다.

　　네오리얼리즘 계통의 저예산 영화에서 '소년/소녀'은(는) 종종 권력
밖에 있는 하위 계급의 경제적, 정치적 상황을 암시하는 데 사용된다. 이
는 여러 가지 면에서 효과적이다. 비전문 배우인 소년을 통해 저예산 실
현은 물론 순수한 사실감을 살릴 수 있고, 관객에게 서정적인 공감을 불
러일으킬 수 있으며, 정치적으로 민감한 문제를 피할 수 있다. 압바스 키
아로스타미 감독의 〈내 친구의 집은 어디인가〉(1987)도 그러한 예다. 검
열로 잔뜩 위축된 이란 영화계에서 어린이를 소재로 한 영화 제작을 통
해 정치적 경제적 권력의 칼끝에서 벗어날 수 있었다. '소년/소녀'은(는)
현재 권력의 실세들에게는 위협적이지 않은 어린 아웃사이더이기 때문
이다.

　　그러나, 〈자전거 도둑〉이나 〈내 친구의 집은 어디인가〉에서 소년들
이 영화 소재로 소구된 반면에 〈아임 낫 스케어드〉에서 소년들은 더 능

동적으로 사회적 권력의 문맥을 드러내며 영화형식으로 '시선의 권력'을 이용한다. 영화에서 대표적 시선은 카메라의 시선이다. 카메라 앵글은 오즈 야스지로의 다다미 앵글처럼 소년들의 눈높이에 맞춰져 있다.

시선의 권력: 낮은 앵글

니체는 "당신이 오랫동안 심연을 응시한다면, 심연이 당신을 응시하게 될 것이다."라며 '시선'의 권력 역학 관계를 통찰했다. 영화 생산자와 소비자, 영화 기호 송출자와 수신자와의 관계에서 발생하는 권력 역학 관계 역시 마찬가지다. 영화의 '의미'는 수신자가 해석할 때 '해석'된다. 송출과 수신에서 간과할 수 없는 지점 중 하나는 채널을 서로 맞추는 것이고 이는 '시선'을 맞추는 것과 같다. 살바토레 감독은 인터뷰에서 카메라를 1.30미터 높이에 설치할 수밖에 없었던 것은 열 살 아이의 시선 때문이었다"고 그 시선의 의미를 설명한다. "그것은 어린아이의 관점이며 우리가 모두 어린 시절을 기억하는 관점입니다."라고 말하며, "어두운 구멍과 구석을 들여다볼 수 있는 능력, 어떤 상황에서도 눈을 뜨고 바라볼 수 있는 능력을 표현합니다. 연대, 불복종. 현재 이탈리아 사회는 현실에 대한 일종의 친숙함을 표현하고 있으며 이는 영화에도 반영됩니다."라고 부연 설명한다. 그는 영화의 태생적 권력, 의도자의 권력을 표현한 것이다. 그는 소년이라는 기존의 이미지만 소구한 것이 아니라 소년이라는 아웃사이더, 하위 계급을 통해 매혹의 권력, '연대와 불복종'이라는 기호를 송출한 것이다. 그리고 관객(수신자)들은 소년의 눈높이로 영화의 의미를 완성하게 된다.

권력의 전복 : 연대와 불복종

영화 속 소년들의 '연대와 불복종'은 가장 인상적이고 울림이 큰 마지막 장면을 향해 의미를 축적해 간다. 예를 들어, 프레임 상단의 세 대의 트랙터와 프레임 하단의 수직 구조물 속으로 축소되는 소년들의 모습은 구로사와 아키라 감독의 〈7인의 사무라이〉나 수많은 서부극의 수직 구조와 유사한 위협감을 자아낸다. 주변 어른들과 이탈리아 사회의 거대한 소용돌이 속에 휘말린 소년들은 거대한 탈곡기 앞의 나약한 메뚜기 쇼트가 암시한 것처럼 위태롭다. 감독은 들판의 메뚜기 단독 쇼트와 벌집을 바라보는 소년 연속 편집을 통해 '연대'를 상징하는 벌집 삽입 쇼트를 보여준다. 이후 미카엘은 친구들과 연대하여 아버지로 상징되는 무소불위의 권력, 마을 어른들의 집단권력에 대항하여 필리포를 구한다. 이 일련의 편집은 마치 초창기 러시아 무성영화 〈전함 포템킨〉(1925)을 오마

남 이탈리아의 아이콘 미카엘

주 한듯하다.

큰 담론 안에서 '고립과 연대'를 상징하는 교과서적인 미장센과 몽주는 매우 효과적이다. 벌집, 메뚜기, 개미, 새 그리고 드넓은 노란 밀밭은 모두 정치적 이슈를 상징하는 코드로 작용한다. 이 모든 코드가 속한 아름다운 시골 풍경은 이탈리아 정치권력의 가장 하부에서 가난하고 억압받아 폭도로 변한 남부 이탈리아의 풍경이기 때문이다. 마지막 장면에서 포옹하는 두 소년은 강력한 '연대'의 메시지를 전달한다. 그리고 이 순간 관객은 그들의 연대를 지지하게 된다. '매혹'이 새로운 권력을 창출하게 된 순간이기도 하다.

매혹 권력: 소프트 파워

권력은 정치권력이나 경제 권력 같은 거대담론에서 뿐만 아니라 포스트모더니즘 이후 존재감이 부각된 일상 속 혹은 개인의 정체성 깊은 곳 미세한 영역까지 다양하게 작용한다. 이러한 권력의 작용은 문화 전반에서 뿐만 아니라 특별히 영화에서 광범위한 태생적 헤게모니 및 소프트 파워를 부각할 수 있다.

〈아임 낫 스케어드〉처럼 정치 사회적으로 비판적인 영화의 경우 의도적으로 정치적 의미를 담기도 한다. 예컨대 남북 이탈리아의 정치·경제적 분할과 갈등, 폭동과 납치, 유괴 등에 대해 문제를 직시하고, 영화를 통해 강력한 메시지 즉, '연대하자'는 등의 의미를 전달하고자 하는 주제의식 말이다. 이 영화는 이런 묵직한 주제에 대해 저예산이 가능한 소프트 파워의 매혹으로 전복적 힘을 제대로 보여준 수작이다.

히틀러 추종자들의 초상
: 〈의지의 승리〉, 〈한나 아렌트〉, 〈메피스토〉

김경욱

연세대에서 사회학을 전공하고, 동국대와 중앙대에서 영화이론 석사와 박사 학위를 받았다. 영화사에서 기획과 시나리오 컨설팅을 했고, 영화제에서 프로그래머로 일했다. 영화진흥위원회 소위원회 위원, 객원 책임연구원 등을 역임했다. 영화평론가로 글을 쓰면서, 대학에서 영화 관련 강의를 하고 있다. 영화평론가협회 기획이사로 활동 중이다. 저서로는 『영화와 함께 한 시간』(2022), 『한국영화는 무엇을 보는가』(2016), 『나쁜 세상의 영화 사회학』(2013), 『블록버스터의 환상, 한국영화의 나르시시즘』(2002), 등이 있다.

"나는 나치가 아니다"

1934년, 뉘른베르크에서 열린 제6차 나치당 전당대회에서, 나치 독일의 국민계몽선전부 장관 요제프 괴벨스는 "우리의 열광의 불꽃이 꺼져서는 결코 안 될 것이다. 오로지 이 불꽃만이 현대의 정치 프로파간다라는 창조적 예술에 빛과 온기를 부여한다. 민족의 영혼의 깊은 곳에서 솟아난 이 예술은 언제나 다시 그것으로 돌아가, 그곳에서 새로운 힘을 얻어야 한다. 총을 앞세운 권력은 좋을 수 있지만 국민의 마음을 얻고 그것을 계속 유지하는 것이 더 낫고 더 만족스럽다[1]"고 설파했다.

---

1) 지그프리드 크라카우어, 『칼리가리에서 히틀러로』, 장희권 역, 새물결, 2023,

괴벨스는 프로파간다가 일종의 '창조적 예술'이라고 천명하면서, 나치당 전당대회를 스펙터클 한 대중집회로 치밀하게 구성했고, 아울러 스펙터클 한 프로파간다 영화 〈의지의 승리〉(1934)를 기획했다. 히틀러가 레니 리펜슈탈에게 '예술적 형태의 영화'로 제작해 달라고 했던 이 영화는 극영화가 아닌 다큐멘터리지만, '즉흥성을 철저히 배제한 거대하고 화려한 쇼'로 연출되었다. 현실은 변조되었고, 군중은 마치 국민의 실제 모습인 것처럼 꾸며졌다. 국민을 황홀경 상태로 몰아가고 싶었던 나치는 전당대회 자체를 거대한 세트장에서 펼쳐지는 스펙터클 이벤트로 만들어냈다.[2]

이 영화의 첫 장면에서, 비행기를 타고 구름 사이에서 등장한 히틀러는 황폐한 독일을 구원해줄 신적인 존재처럼 지상으로 하강한다. 군중이 히틀러에게 광적으로 열광할 때, 대중의 히스테리는 불꽃처럼 타오른다. 광신에 사로잡힌 군중의 얼굴은 클로즈업 쇼트를 통해 더욱 강조된다. 나치당 전당대회 장면에서, 거대한 조형물은 개별 인간을 벌레처럼 보이게 한다. 벌레 같은 하찮은 존재가 인간으로서의 가치를 인정받으려면, 군중 속에 들어가 그들과 함께 해야 한다. 리펜슈탈은 파시즘의 미학을 영상으로 탁월하게 구현해냄으로써, 영화가 매우 효과적인 프로파간다가 될 수 있음을 증명했다.

그러나 레이 뮐러가 연출한 다큐멘터리 〈경이롭고 끔찍한 레니 리펜슈탈의 삶(The Wonderful Horrible Life of Leni Riefenstahl)〉(1993)에서, 리펜슈탈은 "파시스트 미학을 어떻게 정의할 것인지 생각해본 적이 있

530쪽.

2) 위의 책, 532~535쪽.

느가"라는 질문에, "그 질문을 이해하지 못하겠다. 나는 파시즘의 개념을 갖고 있지 않다. 그것의 의미에 대해 어떤 생각도 없다"고 답한다. 뿐만 아니라 리펜슈탈은 "나는 결코 나치가 아니었다"고 주장하면서, "나는 단지 예술가로서 영화를 찍었을 뿐이다. 히틀러를 믿었기 때문에 내 인생은 산산이 부서졌다"고 항변한다. 또 리펜슈탈은 히틀러의 유대인 학살도 "전혀 몰랐으며, 나중에 알게 되었을 때 끔찍한 쇼크를 받았다"고 변명한다. 이때, 영화화면에는 나치의 강제수용소에서 죽어간 수많은 인간의 이미지가 교차편집으로 등장한다. 인간이라는 느낌마저 사라진 시체 더미는 마네킹을 쌓아놓은 거대한 쓰레기더미처럼 보인다.

리펜슈탈의 태도에는 나치 수뇌부였던 헤르만 괴링 같은 악마적 인간이 감옥에서 보였던 모습과 비슷한 점이 있다. 괴링은 미국인 심리학자 구스타프 갈버트에게 "나는 히틀러처럼 나쁘지 않다. 히틀러는 여자와 아이들을 죽였지만, 나는 죽이지 않았다"면서 끝까지 자신을 변호했다. 이에 대해 에리히 프롬은 "악인이 권력을 잡고있는 동안에는 인간적인 모습을 어느 정도 회피하거나, '사람은 권력을 잡으면 다 악해진다'고 떠벌리며 합리화할 수 있다. 그러나 권력을 잃게 되면 더 이상 자기합리화가 어렵게 되면서 어떻게든 자신이 악하지 않다는 것을 입증하려 한다"[3]고 설명한다.

왕년의 미모가 거의 사라질 정도로 긴 세월을 산 90세의 리펜슈탈이 그럼에도 자신의 행위에 대해 변명으로 일관하는 모습에서 아돌프 아이히만이 떠오른다. 나치의 친위대 장교이자 홀로코스트 실무책임자였던

---

3) 김태형, 『싸우는 심리학』, 서해문집, 2022, 282~283쪽,

아이히만은 독일 패망 이후 아르헨티나로 탈출했다. 가명을 쓰며 도피 생활을 하던 그는 1960년, 이스라엘 정보기관 모사드에게 체포되어 재판에 회부 되었다. 마가레테 폰 트로타가 연출한 〈한나 아렌트〉(2012)에는 예루살렘의 법정에 출석한 아이히만의 실제 모습을 볼 수 있다. 아이히만은 "충성서약을 한 공무원으로서, 서약을 어기는 건 해악이다. 임무와 양심 사이에서 갈등하면 국론이 분열되고 국민은 제각각 흩어지기 때문에 개인의 양심은 버려야 한다. 공직자에게 용기란 조직된 위계질서이다. 그들 (희생자들)의 생사에 관계 없이 명령을 받고 명령에 따랐을 뿐이다. 내가 한 일은 행정절차의 작은 역할이다"라면서, 학살의 책임을 부인했다.

한나 아렌트는 먼저 아이히만이 '소름 끼치는 악마'가 아니라 '노쇠한 이웃집 할아버지' 같은 평범한 모습에 다소 충격을 받는다. 그리고 아이히만의 항변에서, 아무 생각 없이 폭압 체제가 요구하는 대로 열렬히 자기 업무에 충실하고 책임을 느끼지 못하는, 판단 능력이 마비된 인간을 본다. 그것은 열차에 실린 인간이 어떻게 되든 상관 없이, 열차만 움직이면 자기 업무는 다했다고 치부하는 관료의 방식이다. 아이히만은 권력욕이 강하고 명예에 집착하는 인간이 비인간적인 관료주의 시스템 안에 들어갔을 때, 얼마나 가공할 결과를 가져올 수 있는지 보여주는 사례이다. 아렌트는 이를 '악의 평범성(Banality of evil)'으로 개념화했다.

"배우는 가면이다"

히틀러를 순진하게 믿은 예술가로서 작품활동을 했을 뿐이고, 나치의 만행을 전혀 몰랐으므로, 레니 리펜슈탈에게는 나치 프로파간다 영화를 만들고 대중 선동의 도구로 활용되게 한 책임이나 죄 또는 잘못이 없는 것일까? 헝가리의 이스트반 자보 감독이 연출한 〈메피스토〉(1981)[4]에는 리펜슈탈과 비슷한 주인공 헨드릭 회프겐(클라우스 마리아 브란다우어)이 등장한다.[5]

영화는 오페라 공연 장면으로 시작한다. 공연이 끝나고 관객의 환호가 이어지자, 배우대기실에서 그 소리를 들은 헨드릭은 미친 듯이 괴로워하며 머리를 쥐어뜯는다. 그것은 바로 독일의 지방 함부르크의 극장에서 배우로 살아가는 자신이 그토록 열망하는 것이기 때문이다. 다음 장면에서 헨드릭은 오페라 공연의 주연 배우 도라를 찾아가 찬사를 늘어놓으며 아첨을 떤다. 이 두 장면을 통해 헨드릭은 출세를 갈망하는 기회주의자의 면모를 잘 드러낸다. 따라서 이후 헨드릭의 모든 생각과 행동거지는 오로지 출세의 길에 집중된다.

먼저 출세에 유리한 여성을 결혼 상대로 물색한다. 헨드릭은 오래전부터 율리에테와 깊은 관계를 맺고 있지만, 흑인인데다 배경도 별로이기에 결혼할 생각은 전혀 없다. 그러나 율리에테는 언젠가 헨드릭과 결혼할 날을 꿈꾼다. 그녀는 이 영화에서 헨드릭의 정체를 가장 정확하게 알고 있

---

4) 1936년, 클라우스 만(토마스 만의 아들)이 발표한 소설 〈메피스토〉는 1981년까지 독일에서 금서였다. 히틀러 정권 시대에는 나치의 문화정책을 비판적으로 풍자했다는 이유였다. 이후에는 이 소설의 주인공 헨드릭 회프겐이 클라우스 만의 매형이자 독일의 명배우이며 연출가였던 구스타프 그륀트겐스를 모델로 삼았다는 논란이 있었는데, 그륀트겐스의 유족이 명예를 실추시켰다는 이유로 소송을 제기해 재판에서 승소했기 때문이다. 소설에서 헨드릭/그륀트겐스는 출세 지향적인 기회주의자일 뿐만 아니라 성도착자로 묘사되었다.

5) 〈메피스토〉는 아카데미 외국어영화상, 칸영화제 각본상과 비평가상 등 여러 영화제에서 많은 상을 받았다.

는 인물이다. 헨드릭의 본명(그가 싫어하는 이름인 하인츠)뿐만 아니라, 성적 취향과 성공에 대한 욕망을 간파하고 있다. 헨드릭은 "나는 배우니까, 내 모든 것은 내 것이 아니다"라면서, "배우는 가면"이라고 말한다. 그는 율리에테 앞에서만 가면을 쓰지 않은 맨얼굴을 드러낸다. 벌거벗은 채 거침없이 솔직하게 말하고, 야수처럼 거친 성적 욕망을 마음껏 표출한다. 그는 가면 아래 자신의 정체를 숨기고 욕망을 억압하듯, 율리에테의 존재도 비밀로 한다. 따라서 헨드릭과 율리에테가 만나는 장면은 항상 어둡다.

헨드릭은 명망 있는 부르주아 집안의 딸 바바라를 알게 된다. 함부르크에서 벗어나 베를린에 진출할 기회를 마련하기 위해, 그는 바바라의 환심을 사려고 혼신의 연기를 펼치고 결혼에 성공한다. 율리에테의 말처럼, '냉혹하고 위선적인 눈으로 슬픈 아이의 표정'을 지은 덕분이다. 바바라는 헨드릭이 '노동자를 위한 혁명연극'에 대한 기획을 늘어놓는 모습을 보고 관심을 갖기 시작한다. 헨드릭은 부두, 공장, 지하 술집 등 어디나 무대가 될 수 있으며, 그곳에서 노동자들은 배우가 되는, 노동자와 하나 되는 연극을 열정적으로 설파한다. 그러나 깊은 정치적 신념에서 비롯된 아이디어가 아니라 시대의 대세를 따른 것일 뿐이다. 동분서주하던 헨드릭은 바바라 아버지의 추천으로 베를린 국립극장에 진출하게 된다. 그는 국립극장의 객원 배우로서 명성을 쌓아가는 한편, 다른 극장에서는 혁명연극에 출연해 각광을 받기도 한다.

나치가 권력을 잡기 전, 헨드릭은 나치를 추종하는 동료 연극배우 미클라스를 극단에서 쫓아낸다. 바바라가 미클라스를 변호하자, 헨드릭은 "나치의 위험성을 과소평가 한다", "자유주의자들은 독재에 익숙하다"고 비판한다. 그러나 나치가 선거에서 승리하고 히틀러가 수상이 되었다

는 뉴스를 접하자, "나치를 두려워할 필요는 없다"면서, "나치가 정권을 잡았다고 왜 걱정해야 하나?"고 반문한다. 그런 다음 리펜슈탈이 했던 말을 덧붙이며 기회주의자의 면모를 드러낸다. "나는 배우다. 정치에 관심이 없다. 극장에 가서 내 역할을 연기한 후 집으로 돌아올 뿐이다." 바바라는 제대로 된 예술이 불가능하게 된 독일을 떠나자고 설득하지만, 헨드릭은 거절한다. 히틀러에 저항하는 많은 이들이 독일을 떠나거나, 나치에게 체포되어 사라진다.

바바라가 파리로 망명하자 헨드릭은 나치의 블랙리스트에 올라 위기에 빠진다. 그러나 나치 지도자(Führer)인 총리[6]의 아내이자 배우 로테 린덴탈[7]의 추천으로 그가 그토록 열망하던 성공의 기회가 찾아온다. 예전

---

6) 이 인물은 위에서 언급한 독일 국방군 공군 제국 원수 헤르만 괴링을 모델로 했다.

7) 이 인물은 헤르만 괴링의 두 번째 아내인 영화배우 에미 존네만을 모델로 했다.

에 그는 로테가 '남자관계가 복잡한 얼간이'라고 비웃었지만, 이제는 그녀의 환심을 사려고 안간힘을 쓴다. 또 사력을 다해 총리의 비위를 맞춘다.

그는 먼저 총리에게 좌익 세력과 놀아난 적이 있다고 자백하며 용서를 구한다. 혁명 극장 활동 같은 나치가 싫어할 과거의 경력을 삭제하면서, 인생의 한 부분을 지워버린다. 해외에서 반정부 활동을 하는 바바라와는 미련 없이 이혼한다. 이렇게 출세의 걸림돌이 될 만한 문제를 처리한 그는 프로이센의 국립극장장 자리에 오른다.

한편으로 그는 자신이 양심을 가진 인간, 악질은 아닌 인간으로 인정받고 싶어 한다. 그는 언제나 자신의 이익과 야망에 부합되는 쪽을 선택하지만, 선택지 앞에서 고뇌하는 척한다. 극장장 자리에 오르기 직전에는 "극장장이 돼도 될까? 누군가를 도울 수 있을까?"라고 반문하며 번민하는 모습을 보이지만, 그것은 자신에게 그럴듯한 명분을 만들어주는 과정일 뿐이다. 자신이 그 자리를 원하는 게 아니라 총리가 극장의 미래를 위해 자신에게 부탁했으므로, 심지어 하느님이 자신을 중용하시는 게 분명

하므로, 그 자리를 수락할 수밖에 없다고 둘러대는 식이다. 그 과정에서
그는 메피스토펠레스와 점점 더 가까워지게 된다.

　여기서 히틀러 시대의 독일 예술가 가운데 헨드릭의 선택과는 전혀
다른 길을 간 많은 실존 인물 가운데 프리츠 랑 감독의 사례가 생각난다.
1933년 4월, 괴벨스는 자신의 사무실로 프리츠 랑을 불렀다. 괴벨스는 랑
의 영화 〈마부제 박사의 유언〉(1933)에 대해 상영금지 처분을 내렸지만,
"히틀러가 랑의 또 다른 영화 〈메트로폴리스〉(1927)와 〈니벨룽겐의 노래〉
(1924)를 사랑한다"면서, "자신 또한 눈물을 흘렸다"고 말했다. 그런 다
음, 괴벨스는 랑에게 제3 제국의 활동사진 제작을 감독하는 새로운 관청
인 '제국 영화협회'의 수장 자리를 맡아달라고 제안했다. 랑은 고민해보겠
다고 답한 다음, 집으로 돌아가 돈과 돈이 될 수 있는 모든 물건을 꾸려서
이튿날 파리로 떠났다.[8]

---

8)　톰 숀, 『크리스토퍼 놀란』, 윤철희 역, 제우미디어, 2021, 266쪽.

랑과는 달리 헨드릭은 자신에게 해가 될 수 있는 예전 동료를 배척할 뿐만 아니라, 나치의 압제를 겪으면서 저항운동에 나선 미클라스가 동참을 권유하자 당국에 밀고한다. 나치는 미클라스를 처형한 다음 사인을 교통사고로 발표하고, 헨드릭은 빤한 거짓말을 그대로 신봉한다. 다른 한편으로 그는 배우 오토 울리히스를 무대에 서게 해 주거나 율리에테를 파리로 도피하게 하면서, 다른 사람들을 돕는다는 데서 자신의 행태에 대한 정당성을 획득하고 합리화하며, 권력의 힘을 확인하고 만족해한다. 그러나 이 영화에서 가장 소름 돋는 순간은 헨드릭이 총리에게 두 번째로 울리히스의 구명을 간청하는 장면이다. 이때 총리는 "이 일은 너와 상관없는 일이니, 간섭하지 말고 네 일이나 신경 쓰라"면서, "벌레처럼 눌려 죽기 전에 나가, 이 배우 녀석아!"라며 고래고래 소리를 지른다. 권력을 가졌다고 믿으며 자신의 지위를 과신하던 헨드릭은 절대권력의 무시무시한 정체를 실감하며 그 앞에서는 자신이 벌레 같은 존재라는 것을 깨닫는다. 게다가 더러운 사건에 연루되었다는 울리히스가 사망했는데, 사인이 자살로 발표되자 헨드릭은 공포에 사로잡혀 무조건적인 복종을 하게 된다.

"누군가는 더 나은 세계를 위해 가치를 보존해야 된다. 연극이나 미술 같이 진정 가치 있는 건 무엇에도 굴하지 않는 법이다", "세상이 아무리 추잡해도 진정한 예술은 항상 진실되고 순수하다"는 등, 그럴듯한 말을 늘어놓으며 예술가로서의 정체성을 잃지 않은 척했던 헨드릭은 점점 더 나치의 입맛에 맞는 방향으로 나아가게 된다. 아리안족의 이상적인 신체를 파시즘의 미학에 따라 구현한 조각상을 찬양하고, 셰익스피어의 〈햄릿〉을 나치의 프로파간다 연극으로 각색해 공연한다. 덴마크 왕자 햄릿은 '지위와 젊음, 사랑을 포기한 북유럽의 구세주이자 숭고한 이상을 지닌 순

수한 피의 외로운 기사'로서, '나약하고 퇴폐적인 인물이 아니라 정력적이
고 단호한 영웅'으로 변형하는 식이다. 극장까지 휴관해가며 막대한 비용
을 들여 총리의 생일 파티를 열고, 파티에 참석한 하객들 앞에서 총리를
찬양하는 연설을 해서 총리를 기쁘게 한다.

이 같은 행태에 대해 크라카우어는 "마치 멸균이라도 하듯 정신을
소독하려 했고 동시에 복종을 강요했으며, 어떤 지적인 이단 행위를 할 수
있는 공간도 또 의지도 남아있지 않을 정도로 정신의 능력과 감정을 동원
했다. 그런 무자비한 방식을 통해 현실이 다시 깨어나는 것을 막았을 뿐
만 아니라 전체주의 체제의 사이비 현실을 연출하기 위해 현실의 구성요
소를 포착했다. 오래된 민요는 살아남았지만 대신 나치의 가사로 채워졌
다"[9]고 비판한다.

총리는 〈햄릿〉 공연이 마음에 들었다며, 헨드릭을 건축 중인 대 규

---

9) 지그프리드 크라카우어, 앞의 책, 530쪽.

모 야외극장으로 데려간다. 헨드릭을 항상 '메피스토'라고 부르던 총리가 처음으로 그의 이름을 크게 부르자 '헨드릭 회프겐'이라는 소리가 메아리가 되어 웅장하게 울려 퍼진다. 그런 다음 총리는 헨드릭에게 아래로 내려가라고 명령한다. 헨드릭이 무대 중앙에 이르자, 사방에서 눈부신 조명이 그에게 쏟아진다. 자신의 이름이 세상에 널리 알려지고 각광을 받는, 그토록 오랫동안 소망했던 순간을 맞이한 헨드릭은 덫에 걸린 느낌을 받는다. 이전의 헨드릭의 결혼식 피로연 장면에서, 메피스토 분장을 한 배우들이 그를 둘러싸고 빙빙 돌 때, 이미 그가 악마의 손아귀에 걸려들었다는 것을 알 수 있었다. 또 메피스토 가면 사이에 끼어있는 원숭이와 돼지 가면은 그의 상태를 조롱했다. 그러나 그때 헨드릭은 알아채지 못한 채 그저 즐거워했다. 이제야 그는 위험을 감지하고 탈출하려는 듯 이리저리 허우적거리며 달려가지만, 계속 따라오는 조명의 빛에서 도망치지 못한다. (사진 8, 9) 완전히 포획되어버린 헨드릭은 "나보고 도대체 어떻게 하라는 거야? 나는 아주 평범한 배우일 뿐인데..."라고 리펜슈탈의 변명 같은 말을 중얼거리지만, 아마도 그를 동정하는 관객은 아무도 없을 것이다. 영화는 그가 빛 속에 거의 녹아드는 듯한 모습으로 막을 내린다. (사진 10)

메피스토펠레스를 위한 조명

헨드릭은 괴테의 희곡 〈파우스트〉의 공연에서, 파우스트에게 세상의 온갖 부와 쾌락을 누릴 수 있다고 유혹하는 악마 메피스토펠레스 역을 완벽하게 소화해냄으로써 주목을 받기 시작한다. 이 영화의 미장센에서, 가장 인상적인 연출은 헨드릭을 비추는 역광의 조명을 메피스토펠레스의

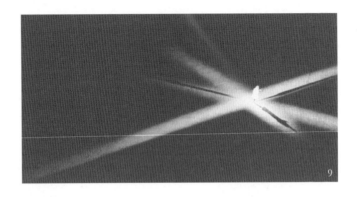

역할처럼 사용한 것이다. 망설이는 순간이 있는 경우에도 헨드릭은 자극하고 유혹하는 메피스토펠레스의 조명에 굴복해 결국 자신의 욕망을 따라간다. 이러한 조명의 사례는 영화 도입부에서 헨드릭이 성공을 열망할 때(사진 1, 2, 3), 메피스토 연기를 할 때(사진 4, 5), 총리의 비위를 맞출 때(사진6), 〈햄릿〉을 파시즘의 미학에 따라 각색할 때(사진7) 등에서 볼 수 있다. 마지막 장면에서, 메피스토펠레스의 조명은 악마의 정체를 드러내면서 헨드릭을 완전히 지배하고 결국 집어삼킨다. (사진 8, 9, 10)

P.S.

수난의 한국현대사는 일제강점기, 한국전쟁, 독재 정권과 권위주의 정권을 거쳐오면서, 수많은 리펜슈탈과 아이히만과 헨드릭을 낳았다. 또 신자유주의 체제를 지나면서 민주주의의 적들에게 더욱 노골적으로 협력하면서 부와 권력을 탐닉하는 인간들이 양산되는 중이다. 아마도 그들이 역사의 법정에 서게 된다면, "몰랐다"는 말로 변명할 것이다. 그런데 그들이 진짜 모르고 행했다면, 무죄이거나 죄가 가벼워지는 것일까? 불교에서는 알고 지은 죄와 모르고 지은 죄 중에서, 후자가 더 무겁다고 말한다. 그들이 사회의 식자층에 속한다면, 모르고 지었다고 하는 그 죄는 훨씬 더 무거울 수밖에 없다. 그럼에도 리펜슈탈, 아이히만, 헨드릭 같은 이들은 또 변명할 것이다. "조국이나 시대를 선택해서 태어날 수는 없다." 맞는 말이다. 그러나 자신의 선택에 대한 대가는 반드시 치뤄야한다.

스톱모션 애니메이션에 침투한
따뜻하고 서늘한 권력의 광기
: 〈기예르모 델 토로의 피노키오〉[1]

김희경

영화평론가. 한국예술종합학교 연극원 예술경영 겸임교수, 한국영화학회 이사, 은평문화재단 이사, 만화평론가로 활동. 한국경제신문 문화부 기자로도 일했으며 예술경영 석사, 영상학 박사 학위를 취득했다. '2020 만화·웹툰 평론 공모전'에선 대상을 수상했다. 《CJ 뉴스룸》, 《한경비즈니스》, 《르몽드 디플로마티크》, 《지금, 만화》 등에 글을 연재하고 있다. 저서로는 클래식·미술 이야기를 담은 『브람스의 밤과 고흐의 별』과 『호퍼의 빛과 바흐의 사막』, 문화평론집 『문화, on&off 일상』(공저), 『문화, 정상은 없다』(공저)가 있다.

스톱모션 애니메이션(stop motion animation)은 다중적인 특성을 갖는다. 스톱모션 애니메이션은 각 캐릭터와 소품을 수작업으로 만든 뒤, 한 프레임마다 조금씩 변화를 주며 촬영한다. 제작 시간이 워낙 오래 걸리기 때문에 애니메이션 발전 초기에만 주로 활용됐다. 컴퓨터 기술이 발전한 이후엔 2D, 3D 애니메이션으로 대체됐다.

하지만 약점으로 꼽혔던 수작업은 오히려 장점으로도 작용하고 있다. 예술적 정취, 아날로그 감성을 느낄 수 있어 애호가들을 중심으로 꾸

---

1) 이 글은 《르몽드 디플로마티크》에 게재된 「따뜻하고 서늘하게 침투한 권력의 광기」(2023. 3. 20)을 일부 발췌했다.

준히 소비되고 있으며 명맥이 유지되고 있다. 최근엔 이를 더욱 발전시키고자 하는 국내외 감독들도 일부 나타나고 있다. 작업 방식으로 인해 작품에서도 다중적인 특성을 발견할 수 있다. 스톱모션 애니메이션을 감상하다 보면 예상치 못한 양가적 감정과 마주하게 된다. 대부분 사람들은 스톱모션 애니메이션을 보기 전 따뜻하고 경쾌한 분위기를 예상한다. 애니메이션 자체의 장르적 특성에 수작업의 산물이라는 점이 더해진 영향이다. 하지만 꼭 따뜻하기만 하지 않다. 오히려 다중적인 특성이 부각되며 신선한 충격을 안겨준다. 작품 속 크리처들은 현실에 있는 대상들을 본떠 만들어진 만큼, 익숙하고 정감있게 다가온다. 하지만 실재하지는 않는 존재들이기 때문에 되려 이질적이면서도 기괴하게 느껴지기도 한다. 감독들도 스톱모션 애니메이션의 이 같은 다중적 특성에 착안해 서사를 전개하는 경우가 많다.

판타지에 결합된 억압과 통제의 메타포

기예르모 델 토로 감독이 글로벌 온라인동영상서비스(OTT) 넷플릭스에서 선보인 〈기예르모 델 토로의 피노키오〉(2022)는 스톱모션 애니메이션의 양가성을 탁월하게 활용한 작품이다. 델 토로 감독의 인장과도 같은 전쟁과 파시즘에 대한 이야기는 이 작품에도 예외 없이 적용됐다. 거대 권력이 주는 위압감, 억압과 통제의 메타포가 애니메이션 장르로 고스란히 이전됐다.

델 토로 감독은 오랜 시간 전쟁과 파시즘 소재에 천착해 왔다. 어린 시절 스페인 내전으로 피란 온 친구들과 학교를 함께 다닌 영향이 크다.

〈기예르모 델 토로의 피노키오〉. 익숙한 피노키오 캐릭터에 전쟁과 파시즘 이야기가 결합된 애니메이션

그는 이 과정에서 전쟁과 파시즘으로 인해 벌어진 비참한 참상, 인간성의 파괴를 목도했다. 그리고 현실 속 이야기를 스크린으로 확장했다.

델 토로 감독의 영화들이 가진 매력은 동일한 소재를 서로 다른 장르와 형식을 통해 얼마나, 어떻게 다르게 표현할 수 있는지를 보여준다는 점이다. 그중에서도 〈셰이프 오브 워터〉(기예르모 델 토로, 2018), 〈판의 미로-오필리아와 세 개의 열쇠〉(기예르모 델 토로, 2006)는 판타지 영화를 통해서도 전쟁과 파시즘의 비극을 충분히 구현할 수 있음을 증명해 낸 작품이다. 〈셰이프 오브 워터〉는 인간과 기괴한 생명체와의 사랑 이야기를, 〈판의 미로〉는 지하 왕국의 공주였던 소녀의 이야기를 담고 있다. 델 토로 감독은 여기에 전쟁, 파시즘, 군인, 학살 등의 소재를 접목하고 적극 활용했다.

그런 그가 다시 판타지와 전쟁, 파시즘 이야기를 접목했다. 이번엔 장르 자체도 달리했다. 그가 새롭게 꺼내 든 이야기는 많은 사람들이 고

전 동화로 인식하고 있는 카를로 콜로디의 소설 〈피노키오〉(1883)다. 전쟁, 파시즘 등과는 가장 멀리 있다고 할 수 있는 캐릭터에 도달한 다음, 극과 극의 이야기를 연결하고 결합한 것이다. '낯설게 하기' 효과도 극대화했다. 전 세계 관객 대부분이 아는 친근한 캐릭터 피노키오를 내세워 색다른 이야기로 재탄생시켰다.

그런데 이번 작품은 전작들과는 사뭇 다르게 다가온다. 20세기에 멈춰버린 시계처럼 느껴지는 소재가 20세기에 주로 쓰였던 제작 방식의 스톱모션 애니메이션과 만나 새롭게 작동하는 인상을 준다. 스톱모션 애니메이션이 가진 감성과 온기를 품고 있으면서도, 델 토로 감독 작품 특유의 서늘함과 암울함이 깊숙이 침투한다. 여기에 동화적 상상력까지 결합 돼, 거대 권력의 광기가 한층 더 기이하고 농도 짙게 그려진다.

〈세이프 오브 워터〉, 인간과 기괴한 생명체의 이야기가 담긴 판타지 영화

속임수로 드러낸 뒤틀린 욕망

그가 만든 스톱모션 애니메이션 속 피노키오엔 양가적 특성이 고스란히 구현돼 있다. 피노키오(목소리 연기 그레고리 맨)는 목수 제페토(목소리 연기 데이비드 브래들리)가 만든 나무 인형이다. 하지만 이 작품에서 피노키오는 마냥 귀엽고 매끄럽게 그려지지 않는다. 거칠고 울퉁불퉁한 질감을 그대로 가진 존재로 표현됐다.

나무로 만들어진 영향으로 그의 움직임은 묘한 불안감을 선사하기도 한다. 특히 그가 권력의 강요에 의해 인위적으로 움직일 땐 계속 삐걱대고 흔들리는 모습을 보인다. 곧장 온몸이 으스러질 것만 같은 위태로운 느낌을 준다. 급기야 피노키오의 몸 일부 부위들은 쉽게 잘리고 손상되기도 한다.

그런데 델 토로 감독은 이 불안을 피노키오 스스로가 느끼는 것이 아니라, 관객들이 느끼도록 한다. 피노키오는 세상에 대해 전혀 모르는 어린 아기처럼, 자신에게 닥친 위험을 제대로 인지하지 못한다. 이로 인한 불안은 피노키오가 서커스단의 꼭두각시가 되어 무대에 오르거나, 군인처럼 훈련을 받는 장면에서 극대화된다. 크리처에 해당하나 인간과 비슷하고, 아이라고 하긴 어렵지만 아이처럼 연약하게 그려졌기에 더욱 그러하다.

그리고 이 과정에서 일종의 '속임수'들이 작동한다. 델 토로 감독은 작품 곳곳에 여러 속임수를 배치한다. 시작은 작은 속임수부터 이뤄진다. 파시즘에 앞장서는 시장의 아들 캔들윅이 피노키오를 골탕 먹이는 정도다. 캔들윅은 피노키오에게 일부러 불에 가까이 가라고 얘기한다. 피노키오는 그의 말대로 했다가 두 발에 불이 붙게 된다. 나무로 된 몸 전체가 불타 버릴 수 있는 상황. 그러나 피노키오는 위험을 전혀 인지하지 못한다. 오히려 불이 붙은 두 발을 재밌다는 듯이 신나게 바라볼 뿐이다.

유랑극단 단장에게 착취당하는 피노키오

눈속임은 점점 커져 피노키오의 위기를 촉발하는 주요 장치가 된다. 유랑극단 단장은 학교에 가려는 피노키오를 현혹해 불공정 계약서에 서명하게 한다. 이때부터 피노키오와 제페토의 고통은 본격적으로 시작된다. 피노키오는 '살아있는 꼭두각시 인형'이 되어, 극단의 무대에 끊임없이 오르며 착취당한다. 제페토의 고통도 심화된다. 그는 피노키오가 극단에 끌려가자 크게 좌절한다.

감독은 〈나이트메어 앨리〉(기예르모 델 토로, 2022)에서도 유랑극단과 그 안에서 이뤄지는 속임수를 전면에 내세웠다. 욕망에 가득 찬 스탠턴(브래들리 쿠퍼)은 극단에 들어가서 사람들을 속이는 법을 간파하게 된다. 그리고 스탠턴은 이를 활용해 누군가의 삶을 파괴하고, 또 스스로 자신을 파괴하게 된다. 델 토로 감독은 이 속임수를 통해 화려함 뒤에 감춰진 그릇된 욕망, 그로 인해 뒤틀린 인간상과 사회를 그렸다.

〈피노키오〉에서 속임수의 의미는 더욱 확장된다. 이 작품에서 유랑 극단은 쇼를 통해 사람들의 시선을 사로잡는 것은 물론 파시즘을 선동하는 역할까지 한다. 그럴싸한 눈속임으로 대중을 현혹한 다음, 이들을 통제하고 억압하는 파시즘과 유사한 방식이다.

완벽한 솔방울로 시작된 비극

피노키오의 탄생 자체도 권력의 횡포와 참상과 연결된다. 목수인 제페토는 어느 날 외아들 카를로를 군인들의 포탄으로 잃게 된다. 슬픔에 빠져 있던 제페토는 카를로의 무덤 곁에서 자라난 나무를 잘라 피노키오를 만든다. 작품에서 제페토의 의도가 불순하게 그려지진 않는다. 그러나 그가 나무를 자르는 시점과 모습이 따뜻하게 담기지 않는다. 천둥 번개가 치는 어두컴컴한 밤, 제페토는 술에 취해 울부짖다 나무를 도끼로 베어 피노키오를 만든다. 이때 제페토는 어둡고도 광기 어린 표정을 짓고 있다.

그렇게 만들어진 피노키오는 푸른 요정의 도움으로 생명력을 얻게 된다. 하지만 그 생명력은 끊임없이 권력으로부터 억압된다. 파시스트 경례를 하는 시장과 성당 신부, 그를 거짓말로 현혹해 노예 계약을 맺는 서커스 단장 등 사회 곳곳에 자리한 권력의 어둠이 피노키오를 덮친다. 이들은 평소 호시탐탐 사회의 빈틈을 노리다, 그 틈을 파고든다. 피노키오는 빈틈에 딱 들어맞는 존재에 해당한다. 남들과 다르기 때문에 차별화되고 주목도가 높다. 그러면서도 세상 물정은 잘 몰라 한없이 나약하다. 권력은

파시즘을 확산시키는 도구로 악용되고 있는 피노키오

그렇게 피노키오를 노리고 집중적으로 공격한다. 불공정한 방식으로 노동력을 착취하고, 그를 체제 선전의 수단으로 활용한다.

델 토로 감독은 그렇다고 권력의 형태를 꼭 전쟁과 파시즘에 한정시키지 않는다. 오히려 권력이 늘 커다랗고 구체적인 모습을 띠는 것은 아닌 점을 부각한다. 그 권력의 또 다른 형태는 피노키오를 창조한 인물이자, 그가 '아버지'라고 부르는 제페토를 통해 그려진다. 제페토는 피노키오를 향한 뜨거운 부성애를 가진 인물이다. 하지만 그 이면엔 피노키오를 아들 카를로처럼 만들고 싶어 하고, 자신이 통제하고 싶어 하는 이중성을 갖고 있다. 영화에서 자주 나오는 '복종(obey)'이란 단어는 제페토와 피노키오의 관계에도 어김없이 적용된다.

피노키오가 탄생 직후 제페토를 바라보며 "굿모닝 파파"라며 "제가 살길 바라셨잖아요"라고 말한다. 델 토로 감독은 이를 통해 피노키오가 카를로의 대체제 역할로 태어났으며, 이를 목표로 살아가게 될 것임을 드러낸다. 그리고 제페토는 자기 말을 잘 따르던 카를로처럼 피노키오 역시 동일한 태도를 보여주길 원한다.

하지만 과거 이 암묵적 복종이 어떤 비극을 초래했었는지 제페토는
미처 제대로 인지하지 못한다. 카를로의 죽음은 제페토에 대한 암묵적 복
종에 기인한다. 제페토는 카를로에게 목수 일을 가르쳐 주고, 카를로는 작
업에 필요한 솔방울을 구한다. 그러다 한 귀퉁이가 훼손된 솔방울을 주워
제페토에게 보여준다. 하지만 제페토는 완벽한 솔방울이어야만 완벽한 소
나무이며, 완벽한 소나무가 있어야만 완벽한 작업물을 만들 수 있다고 가
르친다. 제페토의 뜻에 따라 카를로는 완벽한 솔방울을 찾아내고 만다.

그런데 이 솔방울은 카를로를 죽게 한다. 카를로는 자신이 주운 완
벽한 솔방울을 성당에 떨어뜨리게 되고, 이 솔방울을 다시 주우러 성당
안으로 간다. 그런데 마침 포탄이 성당에 떨어져 죽음에 이른다. 제페토는
카를로의 유품이 된 이 솔방울을 주워 심고, 그 나무를 베어 피노키오를
만든다. 결국 카를로를 죽게 한 '완벽에의 강요'가 피노키오의 탄생 배경인
것이다. 그리고 그 강요는 피노키오에게 이전된다.

'피노키오'라고 하면 가장 먼저 떠오르는 '거짓말'은 이 작품에서 복
종과 통제의 수단으로 작동한다. 피노키오가 거짓말을 하면 코가 길어지
는 점은 원작과 동일하다. 하지만 '거짓말을 하면 안 된다'라는 점을 단순
히 교훈적 의미로 활용하지 않는다. 델 토로 감독은 거짓말을 사회는 물
론 가장 가까운 사람으로부터 작동하는 통제 수단의 일환으로 그려낸다.

작품에서 피노키오가 하는 거짓말은 임기응변식 또는 누군가를 위
한 선의의 거짓말 정도에 국한된다. 하지만 그의 거짓말은 코가 길어지는
현상으로 인해 너무나 쉽게 드러나고 부각된다. 그리하여 아버지와 같은
제페토에게 더욱 통제를 받는 요인이 된다. 남에게 피해를 끼치지 않는 거

짓말임에도, 개인의 자유로운 의사표시와 표현이 일정 부분 제약을 받게 되는 것이다.

작품에서 부성애는 파시즘과 결합해 더 극단적인 형태로도 나타난다. 시장 포데스타는 자기 아들 캔들윅에게도 전쟁을 위해 복종하고 희생하는 군인이 되길 강요한다. 캔들윅은 포데스타의 뜻대로 명령을 철저히 따른다. 그리고 어린 나이 전쟁에 나가기 위해 훈련에 참여한다.

온기와 서늘함, 그 양가적 매력

엇나간 부성애에도 피노키오는 제페토를 위한 맹목적인 사랑을 보여준다. 제페토는 피노키오를 잃고 나서야 그 사랑을 절실히 느끼고 자신의 행동이 잘못됐음을 깨닫는다. 델 토로 감독은 이 과정을 통해 작품에 애니메이션이 가진 온기를 결합한다.

뮤지컬적 요소도 접목해 활용한다. 디즈니 애니메이션 중 다수의 작품엔 대사 일부가 노래로 표현된다. 일종의 뮤지컬 애니메이션에 해당한다. 이 작품은 디즈니 애니메이션처럼 노래 비중이 높은 편은 아니다. 하지만 피노키오의 탄생, 피노키오가 유랑극단 무대에 오르는 순간 등 일부 주요 장면들을 노래로 표현했다.

그럼에도 작품 곳곳엔 서늘함이 배어 있다. 포데스타는 캔들윅과 함께 있던 훈련 장소에서 포탄을 맞고 죽음을 맞이한다. 그러나 캔들윅은 죽은 아버지를 향해 달려가거나 슬퍼하지 않는다. 자신과 우정을 나눈 피노키오가 눈앞에서 사라지자, 그를 찾는 모습이 그려질 뿐이다.

나쁜 것이라고 부정당하기만 했던 피노키오의 거짓말도 제페토와 주변 캐릭터들의 생존을 위한 용도로는 적극 인정받는다. 피노키오는 고래뱃속에서 이들을 살리기 위해 계속 거짓말을 하며 코를 인위적으로 길게 만든다. 코가 지나치게 길어지자, 피노키오는 몸을 가누는 것조차 쉽지 않게 된다. 하지만 아슬아슬한 상황에서도 그의 거짓말은 타인의 생존과 희생을 위한 수단으로 활용된다.

작품 내내 흐르는 죽음의 코드 역시 일반 애니메이션에선 찾아보기 힘든 요소다. 이야기의 시작 자체가 카를로의 죽음으로부터 출발한다. 카를로의 죽음은 피노키오의 탄생 배경과 과정에 결정적인 영향을 미친 요인이긴 하다. 그런데 이를 짧게 그리는 데 그치지 않는다. 죽음 전후 상황까지 상세히 다루며, 전쟁과 파시즘의 비극을 더욱 극대화한다. 피노키오도 카를로처럼 죽는다. 그런데 한 번이 아니다. 피노키오는 죽을 수 없는 영생의 존재이기 때문에, 죽음에 이르고도 일정 시간이 지나면 다시 살아난다. 그래서 이 죽음은 더욱 가볍게 취급된다. 갈등과 위기 상황이 발생할 때마다, 피노키오는 죽었다가 다시 살아난다. 델 토로 감독은 피노키오의 죽음과 부활을 통해, 그에게 주어지는 끊임없는 박해를 강조한다.

죽음의 코드와 희생의 아이러니

델 토로 감독 영화에서 느껴지는 특유의 서늘함은 '희생'과도 연결된다. 그는 죽음의 코드를 희생과 연결 짓는다. 앞서 〈판의 미로〉에서도 희생을 강조했다. 〈판의 미로〉에서 주인공 오필리아는 실은 사라진 지하 왕국의 공주 모안나임이 밝혀진다. 하지만 곧장 지하 왕국으로 돌아갈 수 없다. 세 가지 임무를 완수해야만 가능하다. 이 세 가지 임무는 용기, 인내, 희생에 관련된 것이다. 델 토로 감독은 그중 모든 임무를 완성하는 마지막 열쇠로 희생을 부각한다. 이 희생은 오필리아가 동생 대신 자신의 죽음을 선택하며 성립된다. 하지만 죽지 않고, 희생의 임무를 완수해 지하 왕국으로 돌아갈 수 있게 된다. 타인의 목숨을 대신해야만 임무가 완수되고 비로소 자신의 자리로 돌아갈 수 있다는 설정이 서늘하게 다가온다.

〈피노키오〉에서도 마찬가지로 피노키오의 삶은 희생을 통해 새로운 국면으로 전환된다. 영생의 존재인 그는 제페토를 위해 스스로 영생을 포기하는 결정을 내린다. 그리고 이를 기점으로 피노키오와 제페토는 보다 깊은 관계로 나아간다. 피노키오 역시 타인을 위해 자신의 목숨과 관련된 것을 포기해야만 갈등이 봉합되고 앞으로 나아갈 수 있는 것이다.

여기엔 또 다른 희생도 작용한다. 귀뚜라미 크리켓(이완 맥그리거)은 피노키오를 위해 요정에게 소원을 빌 기회를 사용한다. 피노키오의 심

〈판의 미로〉, 희생으로 임무를 완수하는 오필리아

장에 사는 크리켓은 글을 쓰는 작가이자, 이 작품의 내레이션을 하는 캐릭터로 나온다. 그리고 크리켓은 생명력을 갖고 태어난 피노키오를 돕는 역할을 수행한다. 대신 요정에게 소원을 빌 기회를 얻게 된다. 하지만 그 소원은 계속 사용되지 않은 채 방치된다. 그리고 크리켓이 아닌 피노키오를 위해 가까스로 소진된다.

그렇게 모든 갈등과 위기 상황이 해소된 후에도, 작품엔 죽음의 코드가 계속 흐른다. 제페토를 비롯해 피노키오를 둘러싼 주요 캐릭터들이 하나둘씩 죽음에 이르는 과정이 담긴다. 이에 따라 클로징에서도 관객들은 양가적 감정을 느끼게 된다. 해피 엔딩이지만, 행복보다는 슬픔과 고독의 감정과 마주하게 된다.

그리고 마침내 자신만의 길을 찾아 저 멀리 사라지는 피노키오의 뒷모습은 왠지 서늘하고 씁쓸한 여운을 남긴다. 그의 발걸음은 왠지 가벼우면서도 불안하게 보인다. 그가 닿을 어딘가엔 새로운 파시즘의 씨앗이, 또 어딘가엔 다른 통제의 싹이 움트고 있을테니.

다큐멘터리영화 〈김군〉과 국가 폭력의 광기[1]

서곡숙

영화평론가. 서울대학교 국어국문학과를 졸업하고, 동국대학교 연극영화과 대학원에서 석사와 박사 학위를 받았다. 산업자원부 산하 기관연구소 경북테크노파크에서 문화산업 정책기획 선임연구원, 팀장, 실장으로 근무하였다. 현재 청주대학교 대학원 영화언론콘텐츠학과 교수로 있으면서, 한국영화평론가협회 사무총장, 한국영화교육학회 부회장, 계간지 《크리티크 M》 편집위원장 등으로 활동하고 있다. 평론집으로는 『영화와 사랑』, 『영화와 범죄』, 『웹툰과 로맨스』, 『영화와 자화상』 등이 있다.

국가 폭력과 다큐멘터리영화 〈김군〉

폭력은 신체적, 정신적, 심리적, 물리적 강제력이며, 강자/약자의 폭력과 수직/수평의 폭력이 있다. 폭력은 상해나 파괴를 초래하는 격렬한 힘이나 권력의 행사이며, 다른 사람 또는 세력을 제압하는 힘이며, 신체적인 손상을 가져오고 정신적, 심리적 압박을 가하는 물리적인 강제력이며, 대표적인 형태로 신체적 폭력, 물리적 폭력, 언어적 폭력, 성폭력 등이 있다. 본

---

1) 이 글은 필자가 쓴 다음 논문을 수정·보완한 것이다. 서곡숙, 「국가 폭력의 광기와 추리서사 전략: 다큐멘터리영화 〈김군〉을 중심으로」, 『아시아영화연구』, 16권 1호, 부산대학교 영화연구소, 2023년 3월 31일, 75-112쪽.

〈김군〉 영화포스터

고는 국가가 국가의 뜻에 반대하는 개인이나 집단에게 공권력을 행사하며 경찰, 군대, 정보기관에 의해 주도, 묵인, 동조, 진압하는 폭력이라는 점에서 가장 심각한 영향력을 발휘하는 국가 폭력에 주목하고자 한다.

폭력이라는 주제를 논의한 대표적인 해외 이론가는 모리스 메를로퐁티, 르네 지라르, 조르조 아감벤, 슬라보예 지젝, 주디스 버틀러 등이다. 메를로퐁티는 '인간이 정치행위에서 '폭력 없는 순수'와 '폭력적 행위' 가운데 하나를 선택하는 것이 아니라 이미 존재하고 있는 여러 종류의 폭력 가운데 하나를 선택한다는 점에서 폭력과 정치의 관계를 강조한다.'[2] 지라르에 의하면, '인류는 희생제의를 통해 짝패 갈등에서 빚어진 갈등과 폭력 모방을 예방하고 감소시켜 왔으며, 악을 짊어지고 폭력의 재생산을 막고 임시적인 평화를 위해 선정된 희생물의 입장에서 보면 그것은 분명히 또 다른 폭력일 뿐이다.'[3] 아감벤은 '주권적 폭력이 법과 자연, 외

---

2) Maurice Merleau-Pont, Humanisme et Terreur, 1947, 모리스 메를로퐁티, 박현모·유영산·이병택 역, 『휴머니즘과 폭력 – 공산주의 문제에 대한 에세이』, 문학과지성사, 2004.

3) René Girard, La Violence et le Sacre, 1972, 르네 지라르, 박무호·김진식 역,

부와 내부, 폭력과 법 사이의 비식별역을 창출해내며, 정치적 폭력의 지위에서 일어나는 근본적인 이동을 통해 법의 정립에 근원적으로 내재하는 폭력을 강조한다.[4] 지젝에 의하면, '눈에 보이는 주관적 폭력보다 눈에 보이지 않는 객관적 폭력, 즉 상징적 폭력과 구조적 폭력이 중요하다.'[5] 특히 주디스 버틀러는 '타자의 삶의 취약성에 대한 애도에서 출발하여 인간과 주체를 새롭게 정의함으로써 연대와 정의로 나아가며, 삶의 취약성을 통해 비폭력적 윤리의 가능성을 모색한다'[6]는 점에서 본고의 주제의식과 가장 닿아 있다.

주디스 버틀러는 폭력이라는 주제와 관련하여 세 가지 측면, 즉 얼굴 없는 삶, 권리 없는 생명, 애도의 가능성을 고찰한다. 우선, 폭력으로 인한 얼굴 없는 삶은 유령 같은 존재와 경계 없는 존재를 드러낸다. 국가 폭력은 '삶에 대한 부정, 공동체 관계성의 박탈로 주체를 유령 같은 존재로 만들고, 탈실재화로 인한 인간화의 불가능, 공적 재현의 삭제로 인한 뿌리 뽑힌 삶으로 경계 없는 존재로 만든다.'[7] 다음으로, 폭력으로 인한

『폭력과 성스러움』, 민음사, 2000.

4) Giorgio Agamben, Homo Sacer: Il potere sovrano e la nuda vita, 1995, 조르조 아감벤, 박진우 역, 『호모 사케르 – 주권 권력과 벌거벗은 생명』, 새물결, 2008.

5) Slavoj Žižek, Violence: Six Sideways Reflections, 2008, 슬라보예 지젝, 정일권·김희진·이현우 역, 『폭력이란 무엇인가 – 폭력에 대한 6가지 삐딱한 성찰』, 난장이, 2011.

6) Judith Butler, Precarious Life, 2018, 주디스 버틀러, 윤조원 역, 『위태로운 삶: 애도의 힘과 폭력』, 필로소픽, 2021.

7) Judith Butler, 위의 책, 57-66쪽.

권리 없는 생명은 인간 생명의 무효화와 정서적 사망을 보여준다. 국가 폭력은 '삶의 위태로움, 공격성의 불안감으로 원초적 무력함과 인간 생명의 무효화를 초래하며, 삶의 말소, 말살의 위협, 담론의 금지, 인정 불가능성으로 정서적 사망 상태에 이르게 만든다.'[8] 마지막으로, 애도의 가능성은 국가 폭력의 트라우마를 극복하고 공동체의 인정 투쟁으로 나아가게 만든다. 애도 공동체는 '소유, 욕망, 사랑을 위한 분투와 유대관계, 권리 요청을 형성하는 상실의 불가사의한 차원을 드러내며, 애도 가능성의 차등적 배분, 배타적 관념의 유지에서 벗어나 공적 애도 금지에 대한 도전, 각기 다른 방식의 인정 투쟁으로 국가 폭력에 저항한다.'[9]

이러한 이론가들은 야만적 폭력과 인간적 폭력의 구분, 성스러운 제의와 폭력, 식민지 국가의 이동과 폭력, 주관적 폭력과 객관적 폭력의 구분, 삶의 취약성과 비폭력적 윤리 등을 통해 국가, 종교, 식민주의, 참사 등에 내재된 폭력성의 이면을 고찰한다. 필자는 〈김군〉(강상우, 2018)을 중심으로 국가 폭력에 대해서 논의하고자 한다. 〈김군〉은 사진 1장의 인물을 북한특수군 제1광수로 명명하는 군사평론가 지만원의 주장에서 출발하며, '김군 찾기'를 통해서 5·18 광주민주화운동의 진실을 추적하는 다큐멘터리영화이다. 필자가 〈김군〉을 대상으로 선정한 이유는 국가 폭력의 제재, 범위, 특성이 끊임없이 변화하며 그것을 통해서 범죄와 억압이 만들어지고 정치적 명분도 만들어진다는 점을 여실히 보여준다는 점에서 국가 폭력의 이면을 드러내기 때문이다. 그래서 필자는 〈김군〉을 연구 대

---

8) Judith Butler, 위의 책, 62-77쪽.

9) Judith Butler, 위의 책, 61-86쪽.

상으로 추리서사 구조와 국가 폭력의 재현 방식을 고찰하고자 한다.

얼굴이 없는 삶
: 국가 폭력의 보이지 않는 장치와 진실의 훼손

〈김군〉은 국가 폭력의 보이지 않는 장치와 진실의 훼손을 통해서 얼굴이 없는 삶을 드러낸다. 〈김군〉의 추리서사는 국가의 정보 독점과 가해자/피해자의 전도를 보여준다. 〈김군〉의 전반부 내러티브는 '북한군 광수의 정체는 무엇인가?'라는 의문을 제기하고, '시민군은 북한군 광수이다.'라는 보수 군사평론가의 주장에 반박하며, 생존자 인터뷰와 영상 자료를 통해 '북한군 광수가 아니라 광주 시민군이다.'라는 사실을 밝혀낸다.

　〈김군〉의 전반부 스타일은 색채, 반복, 카메라 움직임, 교차편집, 점층법, 클로즈업을 통해서 진실 은폐와 왜곡, 진실의 규명 과정, 인물의 상

제1광수와 북한 김광림의 안면인식프로그램 비교 장면

혼을 표현한다. 제1광수의 사진을 보여주는 장면은 멀리에서 혹은 가까이에서, 점점 다가가기 혹은 멀어지기 등의 카메라 움직임을 계속 반복적으로 보여주면서 보수단체의 주장에 대해 의문과 문제 제기를 드러낸다. 5·18 금남로의 분수대 주변으로 시민들이 점차 몰려드는 장면은 기록 사진들을 시간순으로 배열하여 시민들이 점점 늘어나는 모습을 강조하며, 카메라가 롱숏에서 익스트림 롱숏으로 멀어지면서 개인에서 공동체로, 학생에서 시민으로 확대되어 가는 과정을 점층법으로 강조한다. 보수 군사평론가가 시민군의 사진에서 북한군 광수로 밝혀진 인물을 붉은 동그라미로 표시하는 장면은 색채에 대한 강조로 시민군에 대한 보수단체의 진실 은폐·왜곡 과정에 주목하게 만든다. 과거의 기록 영상과 현재의 취재 영상을 보여주는 장면은 5·18 진상조사특별위원회 영상, 당시의 기록 사진, 관련자 인터뷰 등을 교차편집으로 보여주면서 역사의 진실을 찾는 과정을 씨줄과 날줄을 엮듯이 촘촘히 그려낸다. 시민군을 인터뷰하는 장면

광주 시민군 중 북한 광수를 표시한 장면

은 클로즈업을 통해 과거 저항과 현재 상흔을 대조시키면서 인물에 대한 감정이입을 보여준다.

〈김군〉은 추리물로서 은폐/규명의 포뮬라, 영웅·선의 컨벤션, 복면의 아이콘을 보여준다. 우선, 〈김군〉은 알려진 전제(북한군 광수)에서 출발해서 새로운 결론(시민군)으로 마무리한다는 점에서 진실의 은폐와 규명이라는 추리물의 포뮬라를 보여준다. 추리서사의 은폐와 탐색이라는 이중구조는 '북한군에 의한 테러'라는 진실의 은폐와 '공권력에 의한 국가폭력'이라는 진실의 규명을 분명하게 대비시킨다. 다음으로, 〈김군〉은 의문 제기와 해결, 범죄자의 진실 은폐, 관객의 적극적인 추리 측면에서 추리물의 컨벤션을 보여준다. 이 영화에서 감독은 의문을 제기하고 사건을 해결하는 점에서 지적인 추리 능력을 보여주며, 가해자를 영웅처럼 보이지 않게 형상화하며, 모든 단서를 제공해서 관객이 함께 알 수 있게 만든다. 이 영화는 문제, 해결, 세계라는 현실성의 세 층위를 보여준다. 이 영화는 북한군의 테러라는 진실 왜곡의 문제를 제기하고, 시민군 생존자의 증언으로 진실을 규명하고, 보수단체의 오명 씌우기, 국가 폭력의 진실 은폐를 드러낸다. 마지막으로, 〈김군〉에서 '복면'은 추리물의 범인 아이콘이 아니라, 가해자/피해자의 전도를 통해 이면의 진실을 드러낸다. 추리물에서 범인의 아이콘인 복면은 〈김군〉에서 국가 폭력 피해자의 아이콘으로 전도된다. 보수 군사평론가는 시민군의 복면을 600명 북한군이 정체를 감추기 위한 테러 증거로 제시하지만, 시민군은 체포되거나 죽지 않기 위해 복면을 썼다고 증언함으로써 복면을 죽음의 공포와 생존 투쟁의 아이콘으로 만든다.

〈김군〉의 추리 서사는 단계적 진실 찾기, 논리적 추리 과정으로 국가의 정보 독점과 가해자/피해자의 전도를 드러낸다. 명예훼손 사건에 대한 해답은 의문-해결이라는 추리물 서사 구조를 통해 오명/사실의 간극을 드러내고, 북한군 광수의 정체에 대한 추적으로 과거의 상흔과 현재의 오명을 통해 생존자의 이중적 고통을 보여주고, 비극적 역사에 대한 거짓된 주장으로 가해자/피해자의 전도와 진실의 훼손을 보여준다. 이 영화는 두 단계의 추리 과정을 통해 안면인식 프로그램을 통한 군사평론가의 추리와 시민군 생존자의 증언을 통한 주장이 정확하게 대비시키면서, 군사평론가의 거짓된 추리가 밝혀지게 만든다. 북한군의 테러라는 죄명으로 가해자로 지목된 북한군 광수는 광주민주화운동으로 현재까지 외상을 겪고 있는 피해자인 시민군이라는 사실이 밝혀지면서, 비극적 역사에 대한 거짓된 주장으로 인한 가해자/피해자의 전도와 진실의 훼손을 보여준다.

〈김군〉은 배제된 폭력의 흔적과 가해자 중심 서사를 드러낸다. 〈김군〉에서 국가 폭력은 폭력으로 인한 비인간화, 탈실재화로 유령 같은 존재를 양산해내며, 공적 재현 장치의 모순, 국가 폭력의 보이지 않는 장치, 순종하는 신체로 만드는 타자화를 통해서 진실의 은폐와 국가의 정보 독점을 드러낸다. 주디스 버틀러에 의하면, '비실재하는 사람들에게 가해진 폭력은 비인간화, 탈실재화의 메시지를 전달하는 물리적 폭력으로 유령 같은 존재가 되게 만든다.'[10] 국가 폭력은 국가의 대리인인 경찰이나 군인에 의해 자행되는 강제적 국가행위라는 점이기 때문에, 폭력의 참담한 결과에 대해서 희생당한 피해자는 있지만 가해자는 특정할 수 없다는 모순을 보여준다. 시민군의 실체에 대해 의문을 품는 지배적 기억의 재구성과 재

---

10) Judith Butler, 앞의 책, 64-66쪽.

광주 시민군의 항쟁 장면

생산은 공적 정보에 대한 국가의 독점으로 공적 역사를 강화하는 공적 재현 장치의 모순을 드러낸다.

〈김군〉에서 국가 폭력은 인간화의 불가능, 속박의 상태, 관계적 자아관의 박탈로 이끌며, 국가 폭력의 합리화, 피해자의 타자화·소수화, 완벽하게 구축된 이데올로기적 세계를 통해 배제된 폭력의 흔적과 지워진 폭력의 민낯을 드러낸다. 국가 폭력은 피해자를 인권 사각지대의 소수자로 만들어 타자화시키고 국가 폭력에 대해 저항하지 못하게 만듦으로써 이중적 폭력을 겪게 한다. 국가 폭력의 보이지 않는 장치는 국가 폭력을 사회 구조적 문제로 치부하고 합리화하면서 지워진 폭력의 민낯을 드러낸다.

〈김군〉에서 국가 폭력은 슬픔, 사유, 애도의 불가능을 통해 살해된 이들의 공적 재현 삭제를 드러내며, 진실의 유동성, 공식/사적 기억의 전쟁, 해결되지 못한 역사적 사건의 호명을 보여준다. 국가 폭력은 '인간성,

위태로움, 상처 등 타인에 대한 원초적 취약성을 인정하지 않으며, 슬픔의 불인정, 사유의 불가능, 애도의 불가능을 통해 살해된 이들을 공적 재현에서 삭제한다.'[11]

이 영화는 역사적 사건에 대한 과거·현재의 관계, 대중적 기억의 형성을 보여주며, 과거의 역사적 사건들이 부분적, 제한적 관점을 통해 왜곡될 수 있다는 것을 보여준다. 이 영화는 국가 권력 가해자의 공식적 기억과 시민군 피해자의 사적 기억 사이의 간극을 보여줌으로써, 국가 권력이 강제하는 공적 기억의 당위성에 균열을 일으킨다.

〈김군〉에서 국가 폭력은 애도 가능성을 무기한 연기함으로써 경계 없는 존재가 되게 만들며, 피해자 고통의 은폐, 진실을 거짓말로 대체하는 가해자 중심 서사, 국가 폭력의 합리화를 보여준다. 국가 폭력은 가해자 중심의 서사를 통해 피해자의 고통을 은폐하고 오명을 뒤집어씌우고, 진실을 거짓말로 대체하여 진실의 효과를 거둠으로써 환원 불가능한 가상화를 통해 피해자를 경계 없는 존재로 만든다. 이 영화에서 피해자는 가해자라는 오명을 뒤집어쓰거나 혹은 가해자가 없는 상황 때문에 과거의 폭력과 현재의 고통을 계속 경험하게 된다.

권리 없는 생명: 공권력의 남용과 국가 폭력의 민낯

〈김군〉에서 권리 없는 생명은 공권력의 남용과 국가 폭력의 민낯을 보여준다. 〈김군〉의 추리 서사는 유동하는 공포와 폭력에 대한 저항을 드러낸

---

11)   Judith Butler, 위의 책, 12-18쪽.

시민군의 인터뷰 장면

다. 〈김군〉의 중반부 내러티브는 사진 속 인물을 중심으로 '북한군 제1광
수의 정체는 무엇인가?'라는 의문을 제기하고, '북한군 제1광수의 정체는
북한의 전 농림상 김창식이다.'라는 보수 군사평론가의 주장에 반박하며,
'북한군 제1광수는 고아 넝마주이 출신 노동자였던 시민군 기동타격대 김
군이다.'라는 사실을 밝혀낸다.

　　〈김군〉의 중반부 스타일은 개별-일렬-연속이라는 편집의 흐름, 이미
지, 클로즈업, 시선을 통해서 개별성에서 집단성으로의 변화, 과거 사건에
대한 불확실성/확실성, 시선의 주체/대상을 표현한다. 이창성 기자의 5·18
필름 롤 no.23의 '소집되는 무장 학생들'을 보여주는 장면은 사진들을 하
나씩 보여주다가, 그 사진들을 일렬로 배열하고, 가까이에서 연속된 이미
지로 들여다보는 편집의 변화를 통해 개인의 개별적 사건에서 공동체의
역사적 현장으로 변화하는 과정을 강조한다. 이창성 기자의 네거티브 필
름 장면은 형상을 알 수 없는 이미지가 식별이 분명한 이미지로 바뀌면서

시민군의 인터뷰 장면

미지의 인물이 특정한 인물로 바뀌는 변화를 보여주며, 제1광수에 대한 여러 사진들에 대한 클로즈업을 통해 인물의 노려보는 날카로운 눈매를 강조한다. 시민 주옥이 시민군의 사진을 쳐다보는 장면은 사진 속의 많은 시민군들을 훑어내는 카메라를 통해 주옥의 시선을 표현하며, 주옥이 제1광수의 정체를 밝혀내는 중요한 단서를 제공하는 인물임을 암시한다.

〈김군〉은 추리물로서 진실의 은폐/규명의 포뮬라, 영웅의 컨벤션, 기관총의 아이콘을 보여준다. 우선, 〈김군〉은 북한군 제1광수의 정체에 대해서 알려진 전제(북한 전 농림상 김창식)에서 출발해서 새로운 결론(시민군 기동타격대)으로 마무리한다는 점에서 진실의 은폐와 규명이라는 추리물의 포뮬라를 보여준다. 북한군 제1광수의 정체에 대한 해답은 북한 전 농림상 김창식이라는 진실의 '왜곡'과 시민군 기동타격대 김군이라는 진실의 '규명'을 대비시키면서 은폐와 탐색의 이중구조를 드러낸다. 고아 넝마주이, 노동자 청년, 시민군 선봉 기동타격대로 변모하는 김군의 정체는 민주화의 열정, 폭력에 대한 울분, 죽음의 공포를 드러낸다. 다음으로, 〈김군〉은 증거자료들을 통한 문제 해결, 영웅적인 피해자, 통찰력 있는 관객을 통해 추리물의 컨벤션을 보여준다. 감독은 시민군·시민의 인터뷰라는 증거를 통해 신뢰할 수 있는 증거를 제시하면서 북한군 제1광수의 정체, 하층계급 시민군의 강한 정의감, 과거의 역사적 진실을 밝혀낸다. 마지막으로, 〈김군〉에서 '기관총'의 아이콘은 범인이 아니라 국가 폭력에 대한 저항의 의미로 사용된다. 김군이 타고 있는 가스차, 쓰고 있는 전투경찰 모자와 석면장갑, 잡고 있는 기관총은 시민을 국가폭력으로부터 지키기 위한 보호 장치임을 드러낸다.

〈김군〉에서 정체 사건에 대한 의문이라는 추리 서사는 죽음의 공포와 생존의 사투라는 국민 학살의 비극성을 통해 폭력, 악, 진실, 정의 문제를 제기하며, 유동하는 공포, 회피의 문화, 폭력에 대한 저항을 통해 억압된 개인의 죄책감과 어둠의 시대에 대한 분노를 드러낸다. 추리 과정에서 시민군 생존자들은 당시 국가 폭력에 대한 끔찍한 경험을 들려주고, 죽음의 공포와 생존의 사투가 펼쳐지는 역사적 현실을 통해 국민 학살의 비극성을 직면하게 만든다. 이 영화는 추리 과정을 통해 사적인 인터뷰, 즉 개인 기억의 조합으로 역사적 사건을 재구성하고, 그 과정에서 국가 폭력이 개인에게 어떤 과거 죽음의 공포가 현재 생존자의 정신적, 육체적 고통을 안겨주었는지에 초점을 맞춘다는 점에서 개인의 기억에서 집단의 기억으로 나아간다.

이 영화에서 국가 폭력의 악행은 대규모의 무분별한 학살로 인한 일반인의 죽음이 현시되며, 군인 대 군인의 전투가 아니라 군인 대 일반인(시민군)의 전투라는 점에서 폭력, 악, 진실, 정의의 문제를 제기한다. 정체

사건을 해결하는 과정은 김군의 정체를 통해 끔찍한 죽음의 공포와 비참한 과거를 드러내며, 범죄·탐색의 이중구조와 정체 은폐와 과거 탐색이라는 공식을 통해 국가 권력의 범죄성을 드러내고 공권력의 질서 유지라는 환상을 깨뜨린다. 김군의 정체를 밝히고자 하는 서사 구조는 국가 폭력의 범죄 이야기와 시민군 정체의 탐색 이야기라는 이중구조를 보여주며, 은폐에서 탐색으로 혹은 오인에서 진실로 나아간다.

주옥이 김군을 회상하며 눈물을 글썽이는 장면

〈김군〉은 국가 폭력의 일상화와 정당화를 드러낸다. 〈김군〉에서 국가 폭력은 유대 관계에 대한 착취, 슬픔의 위계질서, 애도의 차별적 관계를 강제하며, 폭력에 대한 집착, 수직구조와 과잉 생산된 억압을 통해 폭력의 일상화, 비열하고 부도덕한 권력 지배를 보여준다. 이 영화에서 폭력은 지배층과 권력층의 반칙과 특권을 통해 국가주의의 강화를 보여주며, 비극적인 죽음에 대한 애도 금지, 슬픔의 위계질서로 부도덕한 권력의 지배를 드러낸다. 군부의 수직적 구조는 국가와 국민의 수직적 구조를 강요하며, 지배와 복종, 질서와 억압이라는 틀 속에 가두어 폭력의 씨를 잉태한다는 점에서 국가 폭력의 근원을 보여준다. 국가는 군부독재시기에 국가의 문제를 폭력적으로 해결하는 폭력의 일상화를 통해 국가 폭력에 대한 집착을 보여준다.

〈김군〉에서 국가 폭력은 폭력에 대한 취약성, 원초적 무력함으로 인간 생명의 무효화를 강제하며, 야만적인 폭력으로 인한 죽음의 공포, 국가 폭력의 구조적 근원에 대한 왜곡으로 국가 폭력의 무제한 남용과 비인간적이고 잔인한 관행을 드러낸다. 이 영화에서 시민군 생존자들은 군사 쿠데타에 의한 불법적 정권 찬탈에 대해 강하게 저항하는 공동체 결성으로 해방감을 느꼈지만, 동시에 폭력적 경험과 죽음의 공포로 외상 트라우마를 겪게 된다. 시민군은 압도적 국가 권력으로 인한 폭력적 재난 참사에서 시민들을 지키고 자신들을 보호하기 위해 국가 폭력에 저항하지만, 국가는 이러한 방어적 저항을 진압하기 위해서 더 야만적이고 무차별적인 국가 폭력을 행사한다는 점에서 폭력의 악순환이 나타난다. 문제의 근원은 국가가 시민의 정치 시위에 대해서 군대를 동원하여 폭력의 무제한 남용과 비인간적이고 잔인한 관행을 행사한 것이다. 하지만, 국가 폭력은 폭력으로 인한 참사에 대한 책임을 모두 시민군에게 돌림으로써 폭력의 구조적 근원에 대해서 왜곡시킨다.

〈김군〉에서 국가 폭력은 폭력에 대한 통제권 상실로 삶의 말소와 정서적 사망 상태를 유발시키며, 구조적 폭력, 제도적 폭력, 국가 폭력의 작동방식을 통해 국가 폭력을 정당화하고자 한다. 이 영화는 폭력을 생산, 통제, 보호, 유지하는 국가 폭력의 시스템, 조직성, 기획성이 문제의 근원이라는 사실을 밝히며 국가 이데올로기의 불안정성과 구조적 폭력을 드러낸다. 국가는 국가 폭력을 국가의 질서 유지 명목으로 정당화하고, 국가 폭력에 대한 시민의 저항을 국가에 대한 테러로 규정하고, 시민군의 체포, 구속, 고문, 기소의 과정을 통해서 피해자를 가해자로 만든다. 국가 폭력은 정치적 구조와 연결되어 일상적이고 정당화된 공권력이라는 점을 주지시키는 제도적 폭력이며, 피해자가 자신의 정당한 권리를 보장받지 못하여 이중의 고통을 겪게 만드는 국가 폭력의 작동방식을 보여준다.

〈김군〉에서 국가 폭력은 공적 애도의 금지, 차별적 공적 애도의 배분으로 탈인간화를 강제하며, 폭력을 정당화하는 망각의 담론과 물리적·구조적·심리적 폭력을 통한 악의 평범성으로 국가 폭력의 작동방식을 보여준다. 이 영화에서 국가 폭력은 물리적 폭력, 구조적 폭력, 심리적 폭력을 행사함으로써 이데올로기적 제도를 유지하고 이데올로기적 힘에 대한 전복을 막고자 한다는 점에서 '악의 평범성'[12]을 보여준다. 생존자는 물리적 국가 폭력으로 인한 죽음의 공포로 육체적 죽음을 겪으며, 사망자에 대한 죄책감과 부채 의식으로 인한 트라우마로 정신적 죽음을 겪으며, 피해자임에도 불구하고 가해자·범죄자로 만든 가해자 중심 서사로 사회적 죽음을 겪는다. 국가는 질서 유지라는 명목으로 국가 주도의 폭력을 정당화하고, 국가 폭력으로부터 생명을 지키고자 저항한 시민군을 질서 파괴의 범죄자로 규정하고, 언론과 법을 독점하여 국가 폭력의 정당화를 진실이라고 믿게 만든다.

---

12) 한나 아렌트의 '악의 평범성'은 모든 사람들이 당연하게 여기고 평범하게 행하는 일이 악이 될 수 있다는 개념이다.

기자가 찍은 네거티브 필름 롤을 보여주는 장면

애도의 가능성
: 국가 폭력의 트라우마와 애도공동체의 인정 투쟁

〈김군〉에서 애도 가능성은 국가 폭력 트라우마와 애도공동체의 인정 투쟁을 보여준다. 〈김군〉의 추리 서사는 국가 폭력의 잔인성과 배제된 존재들의 죽음을 드러낸다. 〈김군〉의 후반부 내러티브는 '김군은 왜 나타나지 않는가?'는 의문을 제기하고, '김군이 북한군이기 때문에 나타나지 않는다'라는 보수 군사평론가의 주장에 반박하며, '김군이 공수부대원의 보복 살인으로 죽었다'는 사실을 밝혀낸다.

〈김군〉의 후반부 스타일은 편집, 카메라 움직임, 숏 크기를 통해서 역사적 사실과 개인적 상흔, 불의와 폭력에 저항한 청년의 강인한 영혼을 표현한다. 1989년 2월 22일 제28차 5·18 광주민주화운동 진상조사특별위원회 장면에서, 최진수의 과거 역사적 사실에 대한 증언과 현재의 개인적 트라우마에 대한 고백을 교차편집으로 표현함으로써 살아남은 자의 죄책

광주 시민군의 결전 장면(익스트림롱숏)

감을 드러낸다. 공수부대가 김군의 시체를 가져갔다고 마을 사람들이 증언하는 장면은 마을 사람들이 김군의 시체를 묻은 공간, 공수부대가 김군의 시체를 파서 가져간 공간, 현재 무성한 나무만이 가득한 공간 등 그 흔적을 따라 움직이는 카메라를 통해서 죽음 이후 현재까지 울림이 있는 '살아있는 시체'를 형상화한다. 김군의 시민군 동지들이 영화관에서 김군의 영상 자료를 보는 장면은 가스차에 타고 시민군과 함께 하는 김군의 모습에서 시작해서 점점 김군을 향해 점점 카메라가 다가가고, 미디엄숏의 정지화면을 통해서 강인한 눈매의 김군과 금남로의 시민군을 함께 보여줌으로써, 불의와 폭력에 저항한 시민군, 강인한 영혼의 김군을 표현한다.

〈김군〉은 추리물로서 반전 플롯의 포뮬라, 죽음·시체의 컨벤션, 부릅뜬 눈의 아이콘을 보여준다. 우선, 〈김군〉은 김군의 행방이 묘연한 문제에 대해서 알려진 전제(북한군)를 부정하고 새로운 결론(공권력에 의한 죽음)을 이끌어냄으로써 추리물의 포뮬라를 보여준다. 이 영화의 반전 플롯은 김군이 나타나지 않은 이유가 북한으로의 월북 때문이 아니라 죽은 자는 말이 없기 때문이라는 점에서 죽음의 비극을 밝혀낸다. 다음으로, 〈김군〉은 수많은 죽음과 시체, 국가 폭력에 의한 범죄, 명백한 사건 진상을 통해 추리물의 컨벤션을 보여준다. 이 영화는 시체가 있으며, 그 죽음이 사고나 자살로 결말지어서는 안 되며, 여러 건의 범죄에도 범인은 한 사람이며, 사건의 진상은 의심의 여지가 없이 명백하며, 추리 방법은 과학적이다. 세 가지 의문은 북한군 광수의 정체, 북한군 제1광수의 정체, 북한군 제1광수의 행방이며, 세 가지 해답은 시민군, 김군, 죽음이다. 결국 이러한 의문과 해답은 억울하고 비극적인 죽음의 범인은 '국가 폭력'이라는 한 가지 결론에 도달하게 만든다. 마지막으로, 〈김군〉에서 '부릅뜬 눈'의 아이콘은 죽은 희생자의 눈이 아니라 강인한 불굴의 저항 의지를 의미한다. 김군을 묘사하는 희생자의 아이콘은 붉은 피, 시체, 부릅뜬 눈, 뒷모습, 흑백의 대조적 표현, 어두운 그림자 등이다. 이 영화는 시민군 생존자들이 모두 김군의 사진에서 주목한 생동감 있게 살아 있는 눈을 클로

김군이 기관단총을 잡고 쳐다보는 장면(미디엄숏)

김군이 기관단총을 잡고 쳐다보는 장면(바스트숏)

즈업으로 담아내면서 계속해서 강인한 영혼을 강조한다.

〈김군〉은 김군 실존 여부를 증명하는 추리 서사를 통해 국가 폭력의 잔인성과 역사의 트라우마를 드러낸다. 추리물 구조는 '정치적 함의가 큰 역사적 사건을 역사적 개연성, 서사의 입체감, 사건의 극적 전개, 예상하기 힘든 반전으로 박진감 있게 구성한다.'[13] 이 영화는 생존자의 내면을 드러내어 극적 생동감을 부여하고, 사건의 극적 전개로 예상하기 힘든 반전을 드러내고, 다층적 서사의 입체감을 통해 당대적 진실의 핍진성과 치열함을 확보한다. 이 영화의 추리 서사 구조는 젊은 영혼의 억울하고 부당한 죽음의 비극적 서사를 통해 국민 살육의 공포, 죽음의 부채 의식, 사회적 죽음을 단계적으로 보여주며, 죄의식, 부채 의식, 자기 징벌의 반복

---

13) 강현구, 「자유주제 : 서간체 팩션과 열린 추리물의 세계 – 김다은의 『훈민정음의 비밀』을 중심으로 –」, 『한국문예비평연구』 35호, 한국현대문예비평학회, 2011, 28쪽.

구조를 통해 역사적 트라우마를 드러낸다. 실종사건·살인사건에 대한 해답은 비밀을 드러내는 가늠자 역할, 불완전한 조각들에 대한 상상적 추론으로 역사적 사실을 재구성하고, 공백과 부재를 추리 서사로 메워 지배적 재현에서 배제된 존재들, 억울하고 부당한 죽음의 은폐를 드러낸다. 김군은 이름 없이 사라져간 죽음들을 가시화하고 지배적 재현에서 배제된 존재들을 드러낸다는 점에서 당대를 가로지르는 시대적 명제와 당대인의 삶을 규정짓는 가늠자 역할을 한다. 김군이라는 압도적인 존재감을 지닌 주인공은 그 죽음이 계속해서 영향을 미치며 깊은 공명의 파장을 남긴다는 점에서 '살아있는 시체'가 된다.

〈김군〉은 상실을 통한 성찰과 애도를 통한 저항을 드러낸다. 〈김군〉에서 생존자는 국가 폭력으로 인해 대체가능성의 부재와 불가사의한 차원의 상실을 겪게 되며, 트라우마적 상흔, 자기를 징벌하는 고통, 죽음의 공포와 죄책감, 가해자 중심 서사로 육체적·정신적·사회적 죽음을 겪게 된다. 이 영화는 사망자·생존자의 영상 자료와 생존자의 인터뷰를 통해 5·18 광주민주화운동이 국가에 의한 국민 살육의 현장이라는 사실과 거대한 트라우마의 상흔을 구체적으로 보여준다. 국가 폭력은 '국가의 국민 살육의 충격적 사실로 인한 거대한 트라우마적 상흔을 남기며, 생존자가 타인 파괴의 죄의식으로 인한 자기 징벌의 욕망으로 스스로의 삶을 파괴한다는 점에서 역사적 트라우마의 잔인성을 보여준다.'[14]

이 영화는 국민의 기본권을 심각하게 침해하고 법률 위반을 허위

---

14) 이다운, 「역사적 트라우마에 내한 영화적 기록 - 〈박하사탕〉을 중심으로」, 『한국문예비평연구』 62호, 한국현대문예비평학회, 2019, 328쪽.

조작하여 피해자의 고통을 가중시키고, 가해자의 정당하지 못한 관용과 피해자의 부여받지 못한 용서를 통해서 용서와 화해의 문법을 망가지게 만드는 전략적 국가 폭력의 실상이 드러난다.

〈김군〉은 김군 찾기를 통해 고정된 폭력의 관점을 해체하고, 가해자 중심 서사를 비판하며, 파괴된 진실을 복원하고 역사적 진실을 재구성한다. 김군은 합법적 폭력과 불법적 폭력, 정의로운 폭력과 불의한 폭력의 대비를 적나라하게 드러냄으로써 고정된 폭력의 관점을 해체하는 인물이다. 생존자는 역사적 비극의 목격자이자 피해자라는 이중의 위치를 보여주면서 국가 폭력에 의한 학살과 만행이라는 과거를 생생하게 드러낸다. 이 영화는 김군 찾기라는 추리 서사를 통한 기억의 성찰로 공식적 역사 기록의 독점에서 벗어나 진실의 재생산을 통찰하고 파괴된 진실을 복원함으로써 다채로운 관점에서 역사적 진실을 재구성한다.

〈김군〉은 폭력에 의한 애도 가능성의 차등적 배분을 비판하고 폭력에 맞서는 애도하는 능력을 보여주며, 증언의 공백과 역설로 인한 증언의 (불)가능성, 역사 재현의 아포리아를 통해 트라우마적 역사를 드러낸다. 이 영화는 김군이라는 핵심인물(주연)과 시민군 생존자라는 주변인물(조연)의 구성을 극적으로 만들고 그 죽음의 비장미와 숭고미를 드러내어 관객의 감정이입과 몰입감을 증대시킨다. 이 영화는 죽음의 은폐로 인한 역사적 사건 재현의 어려움, 증언의 (불)가능성으로 역사 재현의 아포리아를 보여주며, 과거/현재, 공적/사적, 국가/개인, 역사/기억의 중첩된 이미지로 새로운 기억 재현 방식과 정동을 보여준다.

〈김군〉은 육체적 취약성의 인정, 상실을 통한 공동체의 가능성, 애도의 과제를 가능하게 만드는 인정 투쟁을 보여주며, 지배/대항 권력의 투쟁, 용서·화해의 과정, 희생-고통-추모의 의미망을 통한 기억의 투쟁을 보여준다. 생존자 개인이 밝히는 기억의 정동은 국가 폭력에 의해 일어난 학살 사건, 국가의 공식적 기억 독점으로 인해 은폐된 진실, 생존자들의 파괴된 삶을 여러 층위에서 드러내면서 국가 폭력의 잔인성을 보여준다. 생존자는 처음에는 사망자에 대한 죄의식과 부채 의식으로 인해 애도 공동체를 형성하지 못했지만, 사적 기억의 정동을 끄집어내면서 용서·화해의 과정, 이름 없이 죽은 자들의 희생·고통에 대한 추모의 의미망을 통해 애도 공동체를 형성하게 된다. 이 영화에서 '김군 찾기'는 국가 폭력의 가해성을 인식함으로써 연대의 가능성을 제시하며 기억의 정동을 통해 강한 기억 투쟁으로 나아가게 하고, 생존자들이 죄책감과 부채의식으로 인한 자기 비난에서 벗어나 타자들과의 연대를 모색할 수 있는 힘을 제공한다.

추리물 서사 전략을 통한 국가 폭력의 광기 폭로

본고는 국가가 국가의 뜻에 반대하는 개인이나 집단에게 공권력을 행사하며 경찰, 군대, 정보기관에 의해 주도, 묵인, 동조, 진압하는 폭력이라는 점에서 가장 심각한 영향력을 발휘한다는 점에서 국가 폭력에 주목하고자 한다. 선행연구를 검토한 결과 국가 폭력, 특히 5·18 광주민주화운동을 다룬 다큐멘터리영화에 대한 연구가 극영화에 비해서 현저하게 적다는 점에서 연구의 필요성을 제기한다. 본고에서 다큐멘터리영화 〈김군〉을 대상으로 국가 폭력의 재현 방식과 추리 서사 구조에 대해서 고찰한 결과는 다음과 같다.

첫째, 〈김군〉은 배제된 폭력의 흔적과 진실의 은폐, 가해자 중심 서사와 진실의 왜곡을 통해서 국가 폭력의 보이지 않는 장치와 진실의 훼손을 보여준다. 둘째, 〈김군〉은 폭력의 일상화와 죽음의 공포, 국가 폭력의 정당화와 악의 평범성을 통해서 공권력의 남용과 국가 폭력의 민낯을 보여준다. 셋째, 〈김군〉은 생존의 고통과 기억을 통한 성찰, 죽음의 아포리아와 기억을 통한 저항을 통해서 국가 폭력의 상흔과 애도 공동체의 기억 투쟁을 보여준다. 이렇듯 〈김군〉은 추리물의 서사 구조를 통해 오명의 타자화와 거짓, 억압의 야만성과 망각, 애도의 트라우마와 상실이라는 세 가지 단계로 국가 폭력의 광기를 드러낸다.

〈김군〉은 추리서사의 네 가지 핵심 요소, 즉 세 가지 범죄 사건, 탐정 인물인 감독·관객, 범인의 가해자/피해자, 적극적인 추리를 모두 보여준다. 명예훼손 사건의 누명/진실, 살인사건의 폭력/공포, 실종사건의 죽음/기억 등 변화하는 추리물의 서사구조는 국가 폭력을 범인으로 지목한다. 이 영화는 선/악의 충돌로 인한 갈등, 주인공 중심의 핵사건으로 관심을 유발하고, 구체적이고 다양한 근거로 신뢰하게 만들며, 사건 해결 미완의 서사 구조를 통해서 추리에 대한 능동적 독해와 감독–관객의 대화를 이끌어 낸다. 이 영화는 시민군과 우익보수의 대립을 선과 악의 세력 간의 정치적 충돌로 그려냄으로써 극영화처럼 갈등을 첨예하게 보여주어 관심을 집중시킨다. 이 영화는 역사적 사건을 가장 주목받았던 개인 인물에서 시작하여 극영화처럼 주인공을 중심으로 핵사건을 만들어냄으로써 더 관심을 집중시킨다. 감독은 모든 인물들을 바라보는 시선에 위치하면서 탐정 역할을 수행하고, 이미 모든 정보를 아는 상태에서 마치 자신이 그 정보를 모르는 것처럼 혹은 인물·관객과 같은 정보를 공유하는 것처럼 서사 구조를 만들어간다.

〈김군〉은 다큐멘터리의 재현 기법에서 성찰적 다큐멘터리, 대안적 다큐멘터리, 사적 다큐멘터리, 감독-나의 정치학을 함께 보여준다. 우선, 이 영화는 상황을 재현하면서 은폐되고 왜곡된 사건의 진실을 규명하고 피사체의 세상 경험에 대한 감독의 몰입과 진실에 대해 탐구하는 성찰적 기법을 보여준다. 다음으로, 이 영화는 다큐멘터리와 극영화의 추리 서사를 결합시키고 추리물의 장르 컨벤션을 통해 서스펜스의 미학을 보여주고 관객을 사건에 몰입시키는 대안적 기법을 보여준다. 또한, 이 영화는 사적 고통의 고백을 통해 내면의 세계와 정신적 풍경을 보여주는 사적 다큐멘터리의 기법을 보여준다. 마지막으로, 이 영화는 감독이 서사구조의 가시적인 주체로 등장하여 감독-대상-관객의 구도를 재편성하는 감독-나의 정치학을 보여준다.

〈김군〉에서 국가 폭력은 세 가지 측면에서 피해자에게 트라우마를 발생시킨다. 우선, 국가 폭력은 국가가 개인과 집단을 대상으로 저지르는 폭력이며, 국가의 뜻에 반하는 개인이나 집단에 대해서 공권력을 과하게 이용하는 국가 행위이기 때문에 폭력의 원인, 방법, 결과에서 피해자에게 치명적인 영향을 미친다. 다음으로, 국가 폭력은 공권력의 정당화, 합리화라는 문제를 제기함으로써 피해자가 있지만 가해자가 없는 모순을 보여주며, 이러한 모순적인 특성이 피해자의 심각한 트라우마로 나타난다. 마지막으로, 국가 폭력은 공권력의 남용으로 인한 문제를 감추기 위해서 국가 폭력으로 인한 피해·죽음 혹은 피해자·유가족의 상실에 대해서 침묵을 강요함으로써 애도의 부재를 통해 국가 폭력에 대한 저항을 막고자 한다.

〈김군〉은 추리물 서사 구조를 통해 기억뿐만 아니라 진실, 폭력, 애도에 대해서 문제를 제기하고 있으며, '살아있는 시체'로서의 김군이라는 주인공을 중심으로 김군 찾기라는 서사를 통해 진실의 훼손, 죽음의 공포, 생존의 고통, 애도를 통한 저항을 드러낸다. 이 영화에 대한 선행연구는 포스트 메모리, 증언 (불)가능성, 거짓의 역량, 아카이브의 공백, 특수한 시간성 등 기억·기록을 중심으로 논의하고 있다. 최근 다큐멘터리영화에서 기억은 주요한 화두이지만, 〈김군〉은 다큐멘터리영화로서는 특이하게 추리물 서사 구조를 차용하여 기억뿐만 아니라 진실, 폭력, 애도 문제를 제기한다. '김군 찾기'는 국가 폭력으로 인한 진실의 훼손, 죽음의 공포, 생존의 고통을 드러내며 애도를 통해 기억의 투쟁으로 나아가게 한다는 점에서 핵심적인 서사의 요소가 된다.

〈김군〉은 국가 폭력으로 인한 고통과 연대의 가능성, 피해자/가해자의 전도뿐만 아니라 진실의 훼손, 죽음의 공포, 생존의 고통, 트라우마와 상실, 애도를 통한 저항을 드러내며, 국가의 폭력과 개인 삶의 파괴를 보여줌으로써 국가 차원과 개인 차원을 모두 논의한다. 이 영화에서 국가 폭력은 국가가 가해자이고 국민이 피해자이며, 기억의 독점, 진실의 은폐, 오명 씌우기를 통해 피해자인 국민을 가해자로 만듦으로써 가해자/피해자 전도를 보여준다. 이 영화는 국가 권력(가해자)의 광기와 국민(피해자)의 역사적 상흔을 대비시키며, 국가 폭력의 잔인성과 개인 삶의 파괴를 다루며 국가와 개인의 차원에서 모두 문제를 제기한다. 이 영화에서 국가 폭력은 경찰·군대에 의해서 신체적·정신적·심리적·물리적 강제력을 행사한 국가 행위이며, 잔인한 학살과 죽음의 공포, 가해자/피해자 전도와 처벌, 진실의 훼손과 오명을 통해 폭력의 잔인성과 정당화를 보여준다. 이 영화는 과거의 역사적 학살과 현재의 역사적 상흔을 함께 보여줌으로써 국가 폭력의 잔인성을 드러낸다.

2

권력에 대한 네 가지 시선

기후 영화Cli-ci를 생각하기

김경수

대중문화 비평가. 연세대 비교문학협동과정에서 「한국 인터넷 밈의 계보학」으로 석사 학위를 받았고, FM청년영화평론가상에서 등단해 활동을 시작했다. 인터넷 밈과 미디어아트 등을 장르를 가리지 않고 비평을 쓰고 있다. 영화전문매체 《코아르Coar》, 《르몽드 디플로마티크》에서 영화비평을, 《여성동아》에서는 〈밈사이드 memeside〉라는 제목의 인터넷 밈 비평을 연재하는 중이다. 프리랜서로 여러 잡지에 평론을 게재하고 있으며, 콘텐츠 에디터로도 활동한다. 석사 논문을 기반으로 한 단행본『한국 인터넷 밈의 계보학』을 집필하는 중이기도 하다.

〈투모로우〉(2004)와 기후 위기 블록버스터
- 기후의 괴물화

기후 위기를 소재로 다루는 영화는 그 영화가 기후 위기를 재현하는 영화라는 착시를 만들기 십상이다. 〈투모로우〉를 시작으로 유행하기 시작한 〈설국열차〉(2009), 〈인 투 더 스톰〉(2014), 〈지오스톰〉(2017) 등의 기후 블록버스터를 사례로 들 수 있다. 앞서 사례로 든 여러 영화에서는 폭설, 토네이도 등등 인간의 터전을 파괴하는 이상 기후를 CG로 그려낸다. 이러한 재현은 평온하기만 한 자연이 얼마든지 문명사회를 파괴할 수 있다는 근원적인 공포를 자아내기에 탁월하다. 특히 개봉할 당시

〈투모로우〉는 웬만한 환경운동에 버금갈 정도로 파급력이 강력했다고 해도 과언이 아니다. 개봉 이십 년이 지난 지금도 지구온난화의 폐해를 보도할 때마다 호명될 정도니까. 이 영화가 앨 고어의 〈불편한 진실〉과 함께 대중에게 기후 위기를 널리 알렸고, 이를 소재로 하는 영화 중 흥행에 성공한 유일한 영화이기 때문이다.

문제는 이 영화가 기후 위기를 재현하는 시선이다. 우선은 〈투모로우〉가 1990년대 말 즈음에 유행하던 Y2K, 뉴밀레니엄의 종말론적인 정서와 CG의 발전에 힘입어서 할리우드에서 우후죽순 쏟아지기 시작했던 〈단테스 피크〉(1997), 〈아마겟돈〉(1998), 〈딥 임팩트〉(1998), 〈인디펜던스 데이〉(1996) 등등 재난 영화의 장르 콘벤션을 그대로 따른다는 점을 보고자 한다. 90년대 말에 유행한 할리우드 재난 영화들은 화산 폭발, 운석 충돌, 외계인 침공 등을 소재로 소시민이 대안적인 공동체를 이루어서 인류의 절멸 위기를 막는 과정을 다룬다. 이때 재난은 부조리한 공포를 만드는 장치이면서도, 파편화된 인간 군상을 한곳에 모이게끔 하는 서사 장치로 작동한다. 이 영화가 성공할 수 있는 이유는, 재난이 원형 서사 가운데 가장 강력한 파괴력을 지니기 때문이라고 추측할 수 있다. 재난 이후의 재창조는 노아의 방주와 요한 묵시록을 포함한 세계 곳곳의 창세 신화에서 반복되는 원형적인 서사다. 인간은 농사를 짓기 위해서 강이나 호수 인근 농사에 쓸 수 있는 물을 공급할 수 있는 장소에 정착했다. 농경사회와 4대 문명이 그 정착에서부터 시작되었다. 그러나 홍수, 가뭄 등 인간의 힘으로는 어쩔 수 없는 재난에 의한 공포도 잇따라 생겼다. 재난과 묵시록 서사에는 제 터전이 무너질 수 있다는 근원적인 공포가 투영되어 있다. 〈투모로우〉도 마찬가지다. 이 장르의 규칙을 타성적으로 따른다. 문제는 기후 위기를 괴물을 다루듯 재현하는 것이다. 재앙의 징조가 발견되고, 인류의 위기를 경고하는 선한 과학자, 그 경고를 무시하는 정치인 등 지금은 클리셰로 조롱당하기도 하는 설정이 등장한다. 모든 것이 100분 언저리의 시간에 일어나야 한다. 점진적으로 일어나는 데다가 그 총체를 파악할 수 없는 재난인 기후 위기는 장르 관습에 따라 순식간에 문명을 파괴할 수 있는 대상으로 왜곡된다. 즉 장르 관습에 오류가 있다는 것이다. 재난 장르의 원형이 인간과 자연 사이의 관계를 시대착오적으로 설정하고 있지 않나 하는 의문이 생긴다. 윤리적으로 게으른 재현이나 심각한 고증의 오류도 여기서 비롯한다.

〈투모로우〉는 노아의 방주 서사를 그대로 따르고 있으며, 이를 연출로도 드러낸다. 이 영화를 볼 때 하나의 화면에서 자연과 인간이 공존해야 하는 순간에 둘을 강박적으로 분리하고 있다고 느꼈다. 〈투모로우〉의 가장 우스꽝스러운 장면은 아마 주인공이 도서관으로 도망치는 장면일 것이다. 뉴욕에 급작스러운 빙하기가 들이닥치고, 급작스레 땅바닥이 얼어서 갈라지기 시작한다. 주인공이 뉴욕도서관 문을 닫는 순간 그 갈라짐이 멈추는 장면은 어딘가 우스꽝스럽다. 문까지 어는 것이 상식적인데 말이다. 이 장면은 인간 사회를 내부로, 자연을 외부로 설정하고 자연과 인간 사이에 선을 긋는다. 이분법적인 태도는 자연을 괴물화하는 논리로 이어진다. 중세 시대의 괴물은 자연의 질서에 어긋난 기형적인 생명체를 일컫는 말이었고, 이는 인간성을 되찾으라는 신의 경고로 해석되었다. 〈투모로우〉의 기후 위기는 인재인데도 영화에서 그 재난이 인간성을 되찾으라는 경고로 등장한다. 기후 위기가 남극에서 난데없는 신호로 드러나고 있다는 지점이 그러하다.

또 하나 눈여겨볼 만한 것은 토네이도가 등장하는 장면이다. 영화에서 LA를 휩쓴 토네이도는 CG인 것이 명백하게 드러난다. 이때 토네이도와 인간은 하나의 프레임에 공존하지 않으며 분리되어있는 듯한 느낌을 준다. 토네이도가 있는 하늘은 어두컴컴하고 흐릿한데, 이 화면은 원근법에 따라서 구현된다기보다는 연극 무대의 배경으로 보인다. 인간은 날아오는 자동차와 흙먼지, 부서진 잔해 등 토네이도로 인해 날아다니는 사물들을 피해서 달아날 뿐이지 토네이도와는 아무 접촉도 일어나지 않는다. 그것을 목도하고 있을 뿐이다. (토네이도는 같은 CG인 LA는 부술지언정, 실물인 인간을 파괴하지는 못한다.) 픽셀화된 배경에 있어야만 생명력을 지니는 토네이도는 실재로 느껴지지 않으며, 윤곽마저도 부정확하게 그려진다. 이러한 특성은 토네이도를 꼭 어둠에 숨어 있는 괴물처럼 느껴지게 한다. 매체학자 존 더럼 피터스는 다미쉬의 글을 인용해 근대에서 날씨를 관측할 때 그 날씨의 표면이나 형태를 측정할 수 없었다고 언급한다. 형체

토네이도가 할리우드를 부수는 장면, 〈투모로우〉

없음은 기상관측술의 부재로부터 생긴 것이기도 하지만, 독일의 미학자인 카를 로젠크란츠가 추의 형태로 본 특징들을 그대로 따르고 있는 듯하다. 그는 형태없음을 추로 규정해 거기서 발생하는 악이 유령적인 것을 지닌다고 보았다. 디지털로 구현된 토네이도의 유령적 형상은 인간이 통제 불가능한 악으로 그려진다. 이 유령적 형상은 CG 자체에서 비롯된 것이기도 하다.

이때 토네이도를 보는 두 시선이 제시된다. 카메라를 경유한 TV 중계와 헬리콥터의 시점 숏에서는 토네이도의 윤곽이 모두 드러나는 데 비해서, 토네이도가 휩쓸고 있는 현장 속 인간의 시점 숏에서는 그것의 단면만이 드러난다. 토네이도를 보는 이 두 시선의 교차는 우리가 자연에게 지니는 이중의 시선을 환기한다. 한쪽은 자연을 가시화할 수 있는 대상으로, 한쪽은 자연을 숭고한 대상으로 보고 있는 듯하다. 두 시선은 각기 자연에 대한 혐오와 숭배를 담고 있다. 이는 칸트가 『판단력비판』에서 숭고로 자연을 이해하고자 하는 방식과 유사하다. 인간의 판단 범주를 넘어서는 자연은 불쾌인 공포를 통해서 인간의 이성적 판단의 한계를 깨닫게 하고 그것의 무한성을 확인시키기도 한다. 〈투모로우〉는 결국 자연에 대한 사유로 이어지지 않고, 자연을 극복 대상으로 보는 근대적인 사고의 맹점을 드러낸다. 숭배와 혐오를 통한 대상화가 이루어지고 있어서다. 문제는 이 숭배와 혐오마저도 이 인간중심주의로 인해서 조작된 이미지라는 것이다.

로버트 저메키스의 〈포레스트 검프〉(1995)의 오프닝은 디지털 영화의 시작으로 일컬어진다. 깃털이 땅 아래로 서서히 내려오는 장면이다. 문제는 자연에서 깃털이 그토록 안정적인 궤도를 따라서 낙하하는 일이 불가능하다는 것이다. 바람에 의해서 날아갈 수도 있고, 원하는 위치에 떨어지지 않을 수도 있다. CG로 그려진 깃털은 상징적인 의미를 지닌다. CG를 통해서 인간은 자연물이 움직이는 동선까지도 조작할 수 있는 통제권을 얻은 순간이다. 또 CG는 더욱 큰 자본이 투입될수록 생생함이 올라가는 이미지다. CG가 주는 생생한 감흥은 곧 그 영화의 자본력에 비례한다. 즉 CG를 본다는 것은 거기에 투입된 자본의 힘을 경험하는 것과도 같다. 블록버스터는 CG와 자본을 통해서 자연을 창조할 수 있는 창조주의 무한한 권능을 대리한다. 그러므로 괴물로 그려낼 권한도 있고, 상징으로 그려낼 권한도 있는 것이다. CG는 앞서 이야기했던 기후 위기의 괴물화에 앞장서고 있는 셈이다. 〈투모로우〉는 이런 오만의 끝을 드러낸다. 자연을 토네이도와 같은 괴물로 만들고, 그 크기를 한껏 부풀린다. 거기서 우리가 체험할 수 있는 것은 대상화된 자연에서 오는 공포다. 그 공포마저 인간중심적인 사고로부터 온다. 〈투모로우〉는 허수아비 때리기이며, 인간중심적인 사고 안에 머무르려는 나르시시즘이기도 하다. 이 나르시시즘은 서사의 차원으로까지 확장된다. 특히 토네이도가 할리우드를 먼저 파괴할 것이라는 상상은 허수아비 때리기이면서도 자학적인 퍼포먼스에 가깝다. 할리우드는 제아무리 부수어지더라도, 영화 속 인간의 힘을 통해 저보다 큰 자연을 정복할 것이기 때문이다. 이 영화는 CG를 등에 입은 블록버스터가 자연을 정복하려는 오만으로 가득하다. 이는 최초의 블록버스터라고 불린 스티븐 스필버그의 〈죠스〉의 경우와도 차이점이 있다. 스필버그는 상어를 수면 아래로 감추었기에 긴장을 역력히 느끼게 했다. 이는 자연을 인간이 정복할 수가 없다는 경외감 아래서 가능하다. 한편 〈투모로우〉에서는 그러한 자연에 대한 신비조차도 없는 듯하다.

이러한 태도야말로 〈투모로우〉에 기후 위기에 대한 구체적인 사유가 부재해 있는 것을 드러낸다. 기후 위기가 미지의 공포이던 시기에 만든 것을 고려하더라도 이 영화는 게으른 소재주의에서 단 한 발자국도 나아가지 못했고, 장르영화로도 고루한 작품이다. 물론 〈투모로우〉의 인장이라 할 수 있는 시퀀스들은 지금 보아도 압도적이다. 도쿄를 혼란에 빠뜨리는, 인간의 주먹보다 큰 우박, 우뚝 솟은 마천루를 압도하는 크기로 할리우드와 LA를 초토화하는 토네이도, 순식간에 뉴욕을 물바다에 잠기게 만드는 쓰나미 등 자연재해가 기술 문명의 랜드마크를 차례대로 부수는 장면은 백악관을 끝내 지켜낸 롤랜드 에머리히 감독의 전작 〈인디펜던스 데이〉(1996)에 대한 자조적인 개그로 보인다. 그러나 파괴에서 오는 쾌감을 제외한다면 이 영화는 무용할뿐더러 해롭기까지 하다. 앞으로 쭉 써내려갈 기후 영화Cli-ci에 대한 논의는 〈투모로우〉를 비롯한 기후 위기 블록버스터의 일차원적인 기후 위기 재현을 문제시하는 데에서 시작해야 한다.

데이비드 린, 〈태양은 외로워〉, 〈이탈리아 여행〉, 〈역마차〉 − 풍경의 발견

자연과 인간의 상호작용을 다루는 영화를 살펴보기에 앞서 영화에서의 풍경이 무엇인지 이야기하고 싶다. 일본의 문학비평가 가라타니 고진은 『일본 근대문학의 탄생』에서 회화의 기하학적 원근법을 객관과 주관을 발명한 장치로 서술하고 있으며, 여기서 근대문학에서의 풍경이 탄생했다고 본다. 이 기하학적 원근법은 하나의 점에서 풍경을 보는 투시도법에 근간하고 있으며, 이것이 문학에서는 화자의 관점을 거쳐서 자연이 관찰되는 주관적 풍경의 탄생으로 이어진다. 반면에 투시도법은 반대로 자연물을 객관적인 대상으로 파악하게 한다. 원근법이 탄생하기 이전의 종교화가 배경을 인물을 이야기에 있게 만들려는 최소한의 당위만을 제공하며 그 자체로 상징으로 쓰인 것에 비해서, 원근법이 탄생한 이후의 풍경은 일정한 시공간에 있는 객관적인 대상으로 묘사되며, 근대문학에서 이것이 삼인칭 객관적 시점 서술의 탄생으로 이어졌다고 고찰한다. 이러한 고찰을 영화에다가 그대로 적용해보려 한다. 카메라는 감독이 프레임을 설정한다는 점에서 주관의 산물이다. 자크 드미나 그 후계자인 웨스 앤더슨처럼 인공적인 미장센을 만들지 않는 한, 카메라에 포착되는 자연은 인간과 별개로 살아서 움직이고 있는 객관의 산물이기도 하다. 이러한 문학에서의 자연을 가장 잘 체화하는 감독은 데이비드 린이다. 데이비드 린의 〈라이언의 딸〉(1970)이라든지 〈닥터 지바고〉(1965), 〈아라비아의 로렌스〉(1962)는 시대와 자연을 하나로 이으며, 그의 롱숏은 시대의 격랑에 부딪히고 있는 인간의 실존을 객관화하는 데에 일조한다. 그에게 인간은 시대를 보는 통로다. 그가 70mm 필름으로 자연을 포착하는 스펙터클은 근대문학의 어법에 가깝다. 이 관점에 따르면 〈투모로우〉는 객관으로 다루어야 할 자연을 원근법 없이 CG로 재현하고, 자연을 상징으로만 취급하고 있기에 중세 종교화와 유사하다. 비인간 시점의 카메라를 매개로 자연이라는 물질을 관념 혹은 인간의 심상을 집약한 상징으로 치환하는 테렌스 멜릭의 미장센은 데이비드 린의 자연관을 조금 더 인간중심주의적으로 전유한 것이라 볼 수 있다. 또 다큐멘터리를 통해서 자연과 계속 대적하는 인간의 낭만주의적 세계를 담은 베르너 헤어조크의 영화도 이와 비슷하다.

근대문학과 다르게 카메라는 자연과 인간의 상호작용을 매개할 수 있다. 문장의 연속으로 서술되는 소설에서는 인간과 풍경을 동시에 볼 수는 없으나, 영화는 자연과 인간이 하나의 프레임 안에서 동시에 있다는 점이 그러하다. 다만 동시에 있다고 해서 모든 정보를 다 인식할 수 있는 것은 아니다. 그런데도 한 예로 뤼미에르의 〈눈싸움〉의 포근함은 서사와 별개인 겨울의 계절감이 주는 정서가 느껴지는데, 이는 풍경의 요소들이 서사에 개입하지 않더라도 둘 사이에는 마술적인 감정의 연루가 생긴다는 것을 드러낸다. 뤼미에르의 영화는 현실을 그대로 찍은 것이기에 우리가 감각으로 계절감을 느끼듯, 그 안에서도 계절감을 느낄 수 있다. 문제는 픽션이다. 보드빌쇼에서 시작한 할리우드 스튜디오 영화들이 세트장으로, 연극과 회화와 문학의 전통에서 시작한 유럽 영화들이 회화적 구도로 자연을 그려낼 때, 여기서부터 벗어나려는 시도는 물론 존재했다. 로베르토 로셀리니의 〈이탈리아 여행〉(1945)가 그러하다. 불화를 겪는 부부가 나폴리를 여행하는 여정은 전후 이탈리아의 사회상을 그리려는 시도이자, 동시에 이탈리아의 자연 풍경을 그려내면서 인간과 자연을 프레임에 담으려는 시도이기도 하다. 고정된 세트가 아니라 무한히 자연으로 열린 식으로 지도가 확장되고, 로셀리니는 문명과 자연이 공존하는 픽션의 가능성을 발견했다. 섣부르지만 이 영화의 가장 큰 업적을 영화 속 풍경의 발견이라고 이야기하고 싶다. 앞서 말한 방식으로 자연과 인간이 공존하는 생태계를 복원해내려 하고 있기 때문이다.

그 이전에도 존 포드의 〈역마차〉(1939)가 비슷한 시도를 했다. 존 포드는 세트장 바깥에 있는 서부의 모뉴먼트 밸리라는 상징적인 공간에서 촬영을 진행한다. 〈역마차〉와 〈수색자〉(1956)에 등장하는 이 공간은 토마스 샤츠에 의하면 문명 바깥의 자연을 드러내는 공간이다. 토마스 샤츠는 서부극 속 문명과 자연의 대립을 구조적으로 보고 있으나 존 포드의 영화에서 두 공간은 대립하거나 단절되지 않는다. 〈수색자〉의 엔딩에서도 카메라는 내부의 시선으로 광활하게 열린 자연을 보고 있으며, 이 둘은 인물의 동선으로 연결된다. 언제든 또 그 영웅이 등장할 수 있다는 듯이 말이다. 〈역마차〉와 〈이탈리아 여행〉이 같은 로드무비인데도 다르게 느껴지는 이유는 모뉴멘트 밸리가 인간과 직접 상호작용하지 않기 때문이다. 달리 존 포드의 자연은 인간의 인식 범주를 넘어선 무한한 것으로 보인다.

또한 모뉴먼트 밸리와 인간의 상호성은 좀처럼 파악하기가 힘들다. 허문영 평론가는 "존 포드의 〈역마차〉의 모뉴먼트 밸리를 관객이 제대로 인식하는 것이 가능한가?"라는 질문을 던진다. 그는 토끼-오리 그림에서 "토끼와 오리를 동시에 볼 수 없지만, 번갈아 볼 수 있다"[1]라는 이야기를 언급하고 "영화에서 이것이 가능할까?"라는 의문을 던진다. 그의 답은 "영화가 어떠한 풍경 안에서 벌어지고 있는 사건을 보여주고 있을 때, 우리는 사건과 풍경을 동시에 바라볼 수 없는 것은 물론이며, 그림 관람에서와 달리 번갈아 바라볼 수도 없다"[2]는 것이고 여기에 전적으로 동의한다. 허문영은 더 나아가서 〈역마차〉 속 모뉴먼트 밸리의 형상이 영화의 서사와는 논리적인 연관성이 없지만 기이한 정서를 주술적으로 매개한다고 이야기하고 있다. 그는 자연과 인간이 하나의 화면에 공존하는 것은 그것

---

1) 논리와 마술의 이중주, 허문영, kmdb, 2014.05.22. https://www.kmdb. or.kr/story/6/7

2) 모뉴먼트 밸리를 본다는 것, 허문영 kmdb, 2014.05.02. https://www.kmdb. or.kr/story/6/6

만으로도 관객에게 연결점을 제공한다고 보며, 이것이 논리적으로는 설명되지 않는다고 보는 것이다. 모뉴먼트 밸리와 역마차 사이에 문이 존재하지 않는다. 아파치족은 언제든지 창문을 통해 그들을 위협할 수 있고, 반대도 마찬가지다. 모뉴먼트 밸리는 미지의 공포가 반영된 주관적 공간이면서도, 그 자체로 살아 움직이고 있다. 자연은 조작되지 않고 유기체로 존중되고 있다.

사람이 아무도 없는 풍경이 담긴 〈일식〉의 엔딩_영화 일부 캡처

이와는 반대로 미켈란젤로 안토니오니의 〈일식〉(1962)이 있다. 안토니오니는 로셀리니처럼 이탈리아의 사회상을 다루려고 하지만 그 스타일은 정반대다. 〈일식〉은 인간과 풍경의 위계를 삭제한다. 이 영화의 오프닝에서 비토리아와 약혼자 사이에 정적이 흐르고 있을 때, 카메라는 이들에게 초점을 거두어 둘이 동거하는 방의 풍경을 조심스레 훑는다. 우리는 안토니오니가 찍고자 하는 것이 인간이 아니라 풍경이며, 둘을 균등하

게 찍으려는 것을 알아차릴 수 있다. 주식 시장을 찍을 때도, 거리를 찍을 때도 인간은 카메라의 정중앙에서 밀려나 있다. 또 카메라는 인간의 동선을 따라가지 않고 되려 추월하거나 비껴간다. 주식 시장에서 카메라는 사람을 뒤따라가다가 동선을 상실하고, 급작스레 화면의 정중앙에다가 기둥을 둔다. 이 기둥은 인간을 압도할 정도의 크기를 지니고 있다. 이는 자본이 인간을 압도하는 1960년대의 경제 상황을 이미지화한 것인데도 자연이 인간의 세계에 급작스레 침투할 수 있다는 것을 드러낸다. 자연이 인간을 압도할 수 있다는 그의 문제의식은 그가 직접적으로 공해와 환경 파괴 문제를 다룬 영화 〈붉은 사막〉(1964)에서 전면으로 드러난다. 안토니오니는 영화 전반에서 인간의 앞에 스산하게 깔려 있는 안개를 통해서 인간이 아니라 인간을 실루엣으로 보이게 하는 자연에 더 눈길이 끌리게 한다. 〈일식〉에서의 안토니오니는 자연을 다루지 않는데도, 놀라운 순간을 연출한다. 〈일식〉의 엔딩은 오랜 시간 이탈리아 거리의 풍경을 몽타주한다. 주인공인 비토리아의 어머니가 파산한 날, 비토리아와 피에르는 사무실에서 다음날 같은 시간에 만나기로 하지만, 그 둘은 온데간데없다. 급작스레 거리가 드러난다. 그 거리는 텅 비어 있다고 봐도 무방하다. 특히 인간은 탈중심화되어 있으며, 인간이 사라진 뒤의 세계를 암시하는 듯한 인서트 숏이 계속 삽입된다. 깨끗한 자연물, 텅 빈 거리 등은 핵전쟁 이후의 풍경이라 해도 과언이 아니다. 안토니오니는 인간이 사라진 종말론적 세계관을 현실에서 포착한다. 〈일식〉은 최근의 사변적 실재론에서 논의되는 인간 없는 세계에 대한 사유를 가능하게 만들뿐더러 인간중심적인 사고를 부수기까지 한다. 〈욕망〉(1966)의 엔딩에서 공 없이 테니스를 치는 둘을 볼 때의 섬뜩함은, 거기에 있어야만 하는 것이 사라져있다는 기이함을 느끼게 한다. 〈일식〉은 인간과 자연이 공존하는 것이 아니라 인간을 소멸하게끔 한다. 〈일식〉은 인간이 사라진 세계를 상상하게 함으로 지구가 우리 없이도 존재할 수 있는 행성이라는 대안적인 사유를 가능하게 한다.

〈퍼스트 리폼드〉, 〈그린나이트〉, 〈프리가이〉 – 기후 영화의 탄생

기후 위기 시대를 일컫는 말인 인류세는 이제 담론장 밖에서도 널리 쓰이는 단어이다. 인류세는 기후 위기가 다가오는 동시대를 일컫는 말로 쓰이기 시작했고, 이는 기후 위기라는 위기에 따른 인식 체계의 변화를 요청하고 있다. 물론 인류세라는 개념에 대한 반론도 적지 않은 편이다. 〈일식〉에서 자본과 자연의 성질은 닮아있다. 〈일식〉에서는 자본이 예측할 수 없게끔 움직이듯 자연도 마찬가지로 불규칙한 움직임을 지니고 있다. 어디나 퍼질 수 있고 어디나 달라붙어 있어서 형체를 파악할 수 없다. 티모시 모튼은 이를 초과객체(hyperobject)라고 정의했다. 이는 자본이 괴물이 될수록 자연마저도 괴물이 되어간다는 문제의식은 자본주의가 기후 위기를 초래했다는 자본세의 문제의식과 이어진다. 한편 도나 해러웨이는 쑬루세(Chthulucene)를 이야기하기도 했다. 기후 위기로 인한 인간의 종말을 가정한 인류세의 개념이 냉소적이고 비관적인 결론으로 갈 수밖에 없다는 이야기다. 도나 해러웨이는 인간과 자연의 실뜨기 즉, 둘의 상호교류를 통한 함께 성장하면서 위계가 사라지는, 오직 현재만이 여기에 있는 대안적 시간성을 제안한다. 이는 마블 시네마틱 유니버스MCU와 같이 무한한 시간성을 바탕으로 하는 지금의 영화와는 다른 시간성이다. 인간과 자연의 시간이 다르기에 이 둘의 상대성을 마주하고 그것을 상호교환하는 시간관은 최소한 영화 안에서는 주류적인 시간성이 아니다. 지금껏 이야기한 인류세를 포함한 기후 위기에 대한 여러 위기 진단은 〈투모로우〉가 외면한 것이다. 심지어 그 이전의 영화에서는 언뜻 드러나나 여전히 실천되지 않은 태도이다. 기후 영화(Cli-ci(nema))는 기후 위기라는 문제의식에 맞서서 기후와 인간이 서로에게 깊숙이 침투해 있다는 것을 전제로 시작한다. 이를 그려내고자 하는 영화를 기후 영화라 하고 싶다. 기후 영화는 〈투모로우〉가 CG로 인간과 자연의 이분법을 영화적 이미지로 어떻게 재봉합할 것이냐는 문제를 두고 저마다 대답을 내리고 있다.

　　기후 영화의 진정한 첫 시작이라 말할 수 있는 작품은 폴 슈레이더의 〈퍼스트 리폼드〉이다. 〈퍼스트 리폼드〉는 폴 슈레이더 감독이 논문을 쓰기도 한 로베르 브레송의 〈어느 시골 본당 신부의 일기〉(1951)의 신부와 잉마르 베리만의 〈겨울빛〉(1963)의 신부를 뒤섞은 듯한 신부 톨러(에단 호크)가 등장하며, 톨러는 메리(아만다 사이프리드)의 남편인 극단적인 환경론자 미카엘을 만나고 그를 심문하면서 사상의 변화를 경험한다. 톨러는 교단이 자연을 파괴하는 대기업과 결탁해 있는 것을 발견하고는 테러를 계획한다. 이 영화는 로베르 브레송이 영향을 받은, 도스토옙스키가 후기에 쓴 형이상학적 명제가 등장하고 대화하는 소설의 형식을 영화로 옮기고 있다. 『죄와 벌』과 『지하에서 쓴 수기』의 결말, 당시에 유행하는 사상 혹은 관념과 거리를 두는 순수한 여성으로부터 구원이라는 모티프도 그러하다. 또한 느릿한 편집과 강박적인 프레임, 4:3의 화면비로 도스토옙스키의 연극적 장면 구성까지 따라하며, 극단주의자가 가득한 21세기에 도스토옙스키의 세계관을 부활시키려 한다. 『죄와 벌』 속 라스콜리니코프에게 페테르부르크의 풍경은 항상 안개가 가득하며, 서구주의와 러시아주의라는 두 담론의 대립이 이루어지는 이질적인 공간이다. 이는 현대도 마찬가지다. 기후 위기는 폴 슈레이더에게 관념적 명제가 형성하게끔 하는 배경이다. 톨러에게도 신이 인간에게 자연을 선물했으므로, 인간이 그것을 전권을 쥐고 사용할 수 있다는 서구의 근대적 사유와 환경주의자가 충돌하는 미국의 풍경은 이질적이다. 톨러는 환경오염이 일어나고 있는 현장 한가운데에서 마이클의 장례식을 치른다. 이때 장례를 치르는 합창단의 노래는 외화면으로 물러난다. 카메라는 톨러를 경유해 장례식이 이루어지고 있는 환경오염의 풍경을 감상하도록 관객을 조심스레 유도한다. 메리가 마이클의 뼛가루를 호수에다 뿌리기는 하지만, 캐릭터는 풍경에게 자리를 내주고 있는 듯이 정중앙에 있지는 않다. 이 감독은 기후 위기에 아무 행위나 관점을 지니지 않고 마주함으로 기후 위기가 단순히 배경으로만 머무르지 않도록 연출한다.

데이빗 로워리는 자연과 인간의 상호관련성을 더 깊이 파고든다. 〈고스트 스토리〉(2017)에서 그는 (본인이 밝히듯이) 아핏차퐁 위라세타쿤을 비롯한 동아시아 영화의 세례 아래서 자연과 인간의 관계를 고찰한다. 〈고스트 스토리〉는 영원의 시간에서 살아가고 있는 유령의 관점에서 인간의 삶을 관찰하고 있다. 동양의 지박령과도 비슷하다고 느껴지는 이 유령은 터전이 무너지자 곧 사라져버린다. 영원히 살아있을 법한 유령은 왜 하필 집이 무너지자 죽었을까. 데이빗 로워리는 객관적 자연물의 시점으로 인간을 보려 하지만, 그 자연이 인류가 멸망할 때 동시에 멸망하리라 보는 듯하다. 생태계가 인류로 인해 멸망할 수 있다는 위기의식의 발현으로도 보인다. 〈그린나이트〉(2021)는 그 유령을 자연으로 바꾸어서 이야기한다. 가웨인(데브 파텔)이 강도를 당한 뒤에 쓰러져 있을 때, 카메라가 급작스레 360도 패닝을 하더니 급작스레 가웨인이 죽어있고 거기에 꽃이 흐드러져 있다. 이때의 360도 패닝 숏이 〈고스트 스토리〉의 엔딩에서 무너져 있는 집터를 보는 장면과 유사하다고 느껴졌다. 자연을 거쳐서 인간의 유한성이 매개된다는 점에서 그러하다. 유령의 시점이었던 것이 그 시체를 둘러싸는 숲의 시점으로 바뀌었고, 그들은 360도의 관점으로 이 대상을 보고 있을 것이다.

또 하나의 씬에서 우리는 자연의 시점 숏을 발견할 수 있다. 가웨인이 성으로 가 카메라 옵스큐라를 연상하게 만드는 곳에서 제 초상화를 인화하고 있는 장면이다. 이 두 씬은 자연이라는 객관적 대상의 시점 숏으로 인간을 포착하고 있고, 이 두 씬은 경이롭기까지 하다. 후자에서 드러나는 초상화는 인간이 인간을 그려내는 초상화보다 자연의 빛을 거친 것이 더욱 인간에 가까운 형상을 드러낸다는 사실에 접근한다. 인간은 자연이라는 외부자를 통해서만 스스로 인지할 수 있고, 우리가 찍는 카메라의 본질이 인간이 인간을 보는 주관적 시점에서 드러나는 것이 아니라 객관적으로 매개되고 있으며, 그 객관성이 우리에게 윤곽을 지니게 한다는 것이다. 자연이라는 타자를 통해야 우리는 스스로 인간으로 볼 수 있다는 인식론이 거기에 깃들어 있다.

〈그린나이트〉는 이처럼 자연과 인간 사이의 상호관계를 알레고리로 나열하는 영화로 보인다. 〈그린나이트〉는 〈투모로우〉 같은 영화들이 설정한 내부와 외부의 경계를 설정하는 것을 풍자하고 비꼰다. 가웨인이 여정을 떠날 즈음에, 마녀는 그의 허리춤에 녹색 끈을 매어주면서 이 끈을 매는 순간에 누구도 해치지 못하리라고 이야기한다. 이 같은 주술은 외부와 내부 구분을 통해서 인간과 자연을 구분한다. 〈그린나이트〉에서 환상적인 사건이 발생하는 시점은 가웨인이 길에서 만난 도적으로부터 끈을 상실한 순간부터다. 〈그린나이트〉는 풍경과 자연의 상호작용을 직접 드러내는 대신에, 환상적인 공간에서 인간이 자연의 신비로움을 체험하도록 이끌고 있다. 머리를 되찾아달라는 위니프레드의 우화 속 가웨인이 물에 잠기려는 순간에 붉은 조명이 끼어든다. 이때 해양 온난화로 인해서 급증하고 있는 홍조의 풍경을 우리는 연상할 수가 있다. 거인이 나오는 장면에서도 마찬가지다. 거인이 등장하는 씬이 등장하기 전에, 카메라는 익스트림 롱숏으로 가웨인이 지나가는 길을 비추는데, 이때 가웨인이 걷는 길 뒤편에 고래 화석이 있다. 포유류인 고래는 젖이 달렸다는 이유로 인간과도 유사하다고 비유되며, 거인의 목소리는 고래의 울음소리처럼 들린다. 〈그린나이트〉는 내부와 외부를 구분하며, 우리가 외면했던 자연의 풍경을 간접적으로 체험하게 해 이를 연상하게끔 하는 방식으로 자연이 인간에게 침투하는 순간을 그려낸다. 이러한 자연이 애니메이션이라는 가상의 이미지로 연출되는 것은 눈여겨볼 만하다.

김소희 평론가는 《씨네21》에서 〈그린나이트〉에서 실사와 애니메이션은 혼합되는 것으로 파악하고 있다. 위니프레드와의 만남, 여우와의 동행, 거인과의 조우 어디에서도 인간은 그 애니메이션을 만지지 못하고 있다. 특히 위니프레드의 머리가 잘린 형상은 가웨인에게 "나를 만지지 말라"라고 경고한다. 이는 예수의 말과도 같다. 자연이라는 물질을 만지거나 해치려 하기보다 그들의 목소리를 듣거나 그들이 드러내는 세계를 체험하는 것, 그러한 방식으로 실뜨기를 해야 한다는 듯이 말이다. 〈투모로우〉와 마찬가지로 자연은 체험되지 않는 대상으로 남아 있다. 디지털 이미지와의 대화는 〈투모로우〉의 괴물화와는 정반대로 자연을 그려내고 있다. 가웨인이 다시 마주한 녹색 기사는 윌리엄 터너의 〈황금가지〉를 연상하게끔 하는 미장센을 지니는 노란 조명 아래의 성당에 앉아 있다. 이 녹색 기사가 H.P.러브크래프트의 크툴루의 형상과 매우 유사하다는 것을 덧붙이고 싶다. 크툴루는 우주적 공포(cosmic horror)를 자아내는 생명체고, 인간보다 훨씬 전부터 지구에 있던 존재다. 이들을 보는 순간 인간은 미쳐버리고 정신착란을 일으킨다. 나무의 형상이기도 하지만 다족류의 형상을 모방하고도 있는 이 녹색 기사의 이미지가 크툴루와 유사한 것은 흥미롭다. 크툴루를 보고서 미쳐버리는 사람처럼 가웨인은 다시금 끈을 매고서 자연의 공포를 잊으려 한다. 자연과의 경계선을 다시 그을 때 인간은 문을 두드리는 종말의 신호로부터 벗어나지 못하리라는 로워리의 비전은 섬뜩하기까지 하다. 마지막에야 그 끈을 다시 풀 때 그 끈이 성기의 위치에 있는 것은, 그러한 사고가 남성적인 사고에 기반한다는 것을 드러낸다.

녹색 기사가 앉아서 가웨인을 심판하고 있다. 〈그린나이트〉

녹색 끈을 되찾으려 정절을 저버리는 장면은 기사도에 대한 조롱이 아니라, 자연과 인간을 분리한다는 사고가 자위에 불과하다는 이야기로 느껴졌다.

로워리가 디지털 이미지와 인간, 자연의 풍경, 기후 위기를 환상적인 공간에서 결합한다면, 〈프리가이〉(2021)에서는 예기치도 못한 방식으로 디지털 이미지와 자연, 인간의 관련성을 다룬다. 숀 레비가 그리는 〈프리가이〉의 서사는 〈박물관이 살아있다〉(2006)의 변주에 불과하며, 전시품이었던 것을 게임 NPC로 바꾸었다는 인상을 지우기는 힘들다. 라이언 레이놀즈의 이미지에 기대어서 만든 가이라는 캐릭터의 매력이 예상이 가능한 것도 마찬가지다. 다만 게임 NPC가 박물관에 걸려 있던 오브제들과는 달리 저마다의 방식으로 움직이고 있다는 점은 흥미롭다. 이 영화를 가이가 아니라 밀리(조디 코머)의 관점으로 보았을 때, 이 영화는 배경에서 풍경을 발견하는 영화이며, 생태주의 영화로도 볼 수 있다. 밀리는 자신이 개발하고 빼앗긴 게임 내부에서 가이를 빌미로, NPC들이 자율성을 지니고 그들이 주체로 살아있을 가능성을 발견한다. 이는 우리가 자연물을 제대로 인식하는 과정과도 같다. 자연은 우리와는 다른 질서로 움직이며 NPC처럼 거기에 그대로 있다. 이 NPC들이 각자의 논리를 지니고 움직이는 주체라는 것을 알아차릴 때, 이들과의 상호작용이 가능해진다. 영화는 이러한 NPC들이 게임을 폐쇄하려는 앙투안(타이카 와이티티)의 폭력에 맞서서 투쟁하는 장면을 드러내면서 자연이 하나의 정치적 주체로 인식될 수 있음을 드러낸다.

〈프리 가이〉가 경이롭다고 느낀 장면은 디지털 입자가 부서지고 있는 장면이다. 가이가 앙투안이 밀리의 게임을 훔쳤다는 증거이자, 게임에 숨겨진 섬으로 달려갈 때, 앙투완이 서버 기기를 파괴해서 프리 시티가 비트 단위로 부서지기 시작한다. 이때 가이가 다다른 섬은 비트의 붕괴를 벗어난, 유토피아적인 생태계로 모습을 드러낸다. 〈프리가이〉가 역전하는 것은 〈투모로우〉다. 자연을 디지털화하고, 괴물화하는 것을 뒤집어서 오히려 우리가 사는 세계를 디지털화하고 그것을 부순다. 자연만이 실재라는 듯이 말이다. 자연으로 되돌아가서 NPC들은 기술문명이 무너진 세계에서 생태적인 유토피아를 재건하며, 현실과는 다른 정치 체제를 만든다. 자연에 따라서 운영되는 세계가 유토피아라는 인식은 노자를 떠올리게 한다. 디지털 이미지를 다루지만, 〈그린나이트〉가 형이상학적인 영화라면, 〈프리가이〉는 실천적인 영화라고도 할 수 있다. 기후 영화는 인류세라는 우리의 존재 상황에서 영화가 어떤 방식으로 만들어져야만 하는지 질문을 던지고 있다. 물론 기후 영화를 이야기하는 일을 이쯤에서 끝마쳐서는 안 된다. 앞으로 기후 영화는 계속 제작될 것이며, 풍경으로의 자연이 이어지는 영화는 〈그린나이트〉처럼 직접 이루어지든, 〈프리가이〉처럼 우연히 이루어지든 우리의 생태적 감수성을 자극할 것이다. 나아가 이것이 우리의 감각에 어떠한 영향을 끼치는가를 통해서 우리의 감각을 재인식할 수 있다.

이 풍경이 인간의 심성까지 깊이 침투하는 영화도 최근에 생기기 시작했다. 하마구치 류스케의 〈우연과 상상〉(2021)의 3부는 자연과 인간의 상호관계성을 탐구하는 체호프의 문학 세계의 연장선상으로 보았을 때 생태적이다. 나츠코는 에스컬레이터에서 우연히 마주친 아야를 자신의 첫 사랑 유키로 오해한다. 아야의 집으로 간 나츠코는 아야의 제안에 따라 자신을 유키라 생각하고 진심을 이야기해보려고 한다. 〈창가에서〉라는 에피소드 제목에서 알 수 있듯, 나츠코가 아야에게 내밀한 이야기를 드러낼 때, 관객의 정서를 자극하는 것은 창문 뒤편의 풍경으로 있는 자연이다. 나츠코가 아야에게 고백하는 장면은 〈개를 데리고 다니는 부인〉과 〈바냐 삼촌〉을 연상하게 한다. 범속성이라고 이야기할 수 있는, 평범한 삶의 속성에 치인 이들이 회한에 가득 차서 지금까지의 인생이 잘못되었다고 고백하는 체호프의 형상화를 그대로 모방해서다. 이들은 자연에 있어야만 인생에서 소중한 것이 무엇인지를 마주할 수 있다. 하마구치 류스케는 자연이라는 우연의 세계, 상상이라는 인간의 세계를 교차하면서 이 둘의 상호작용을 탐구한다는 점에서 흥미로운 생태주의 감독이다. 이러한 기후 영화가 이어질 수 있도록 계속 레이더를 바짝 세워야 할 것이다. 또 비평은 기후 영화를 발굴할 필요가 있다고 생각한다.

이상적인 정치 영화를 꿈꾸며

김채희

영화평론가. 부산대 영화연구소 연구원 및 강사. 2019년 동아일보 신춘문예 영화평론 부문으로 등단했으며,《르몽드 디플로마티크》,《신동아》등에 글을 쓰고 있다.

정치: 말할 수 있는 권리의 문제

정가에 투신한 사람들은 흔히 "정치는 살아있는 생물"이라고 말한다. 풀어 쓰자면, 이는 지지층을 대변하거나 자신의 안위를 위해 혹은 특정한 상황이 촉발됨으로써 발생하는 다양한 운동의 벡터가 어떤 방향으로 흐를지 알 수 없다는 '불가독, 불가해'를 표현하는 말이다. 모든 운동은 방향성을 가지기에 이 방향을 자신의 자장 안으로 끌어들이려는 행동은 '정치적'이다. 따라서 사람들 사이에서 발생하는 정치 현상은 항구적이며 일상적이다.

이러한 영향력에서 자유롭기를 원하는 자가 선택하는 곳은 바로 '자연'이다. '자연인'은 존재하겠지만 진실로 자유를 원하는 이는 모든 영향력의 집적체인 미디어에 등장하지 않을 것이다. 그러므로 MBN의 인기 프로그램 [나는 자연인이다]는 그 자체로 지독한 역설이다. 그런 의미에서 본다면, 〈극장전〉(홍상수, 2005)에서 주인공 동수의 "이제 생각 좀 하고 살아야겠다."는 내레이션은 모든 영향력에서 벗어나고 싶은 자의 결심이자, 진정 자연인으로 살아가고자 하는 자의 결연한 의지 표명이다.

한때, TV 프로그램에 자주 출연했던 한 코미디언은 자신의 불행을 전시하여 시청자들의 동정을 받았다. 전 배우자와의 개인적인 사건을 개그로 승화시킨 그. 그는 'TV 전파'라는 권력에 상대편보다 더 가까이 다가갈 수 있는 인물이다. 미디어 권력을 독점한 그는 전 국민을 대상으로 자신의 영향력을 유감없이 발휘했다. 그는 미디어 언어를 소유했지만, 그의 전 배우자는 그것에서 배제된, 언어를 상실한 자이다. 유사 이래, 언어는 언제나 권력과 깊은 유대를 가져왔다. 언어를 소유한 자들은 곧 권력을 소유한 자들이기에 역사에 이름을 남길 수 있었고 자신들에게 유리한 방식으로 과거를 윤색했다. 그런 의미에서 본다면, 한국의 혁명적인 정치 영화는 〈황산벌〉(이준익, 2003)일지 모른다. 말과 글을 남길 수 없었던 무명(無名)의 '거시기'에게 자신을 표명하게 한 일. 이준익이 어떤 의도에서 이 영화를 만들었는지 정확히 알 수 없지만, 그는 부지불식간에 이 위대한 업적을 이루었다. 정치는 결국 무엇인가에 대해서 말할 수 있는 권리를 획득하는 것이고 이 권리를 획득하기 위해 영향력을 증대시키기 위한 노력의 총체이다. 따라서 이 글의 주제인 정치적인 영화는 자신의 이데올로기나 지향점을 표명할 수 있는 권리를 획득하기 위한 투쟁을 그리거나 민주주의와 평등 혹은 그것과는 대척점에 있는 파시즘적 이념을 스크린 상에서 주장하는 일이기도 하다.

영화 만드는 일이 왜 정치적인가?

2023년 잠잠했던 영화계는 〈웅남이〉(박성광, 2023)로 예기치 못한 활기(?)를 띠게 되었다. 이 사건은 (비평적) 언어를 가진 자에 대해 그러한 언어를 소유하지 못했던 자들이 행한 집단적 반발이며 영화가 촉발한 다양한 힘들의 대결을 엿볼 수 있는 특별한 공간을 제공했다. 코미디언이자 인플루언서(influencer)로 자리매김한 박성광이 연출한 〈웅남이〉는 제작비 40억이 투입되었고, CJ에서 배급한 일종의 '틈새' 영화였다. 시사회를 본 3인의 비평가들은 《씨네21》의 '전문가 20자 평'에 다음과 같이 영화를 요약했다.

> 이유채 : 사람이 된 곰의 흐릿한 웃음 발자국
> 이용철 : 여기가 그렇게 만만해 보였을까
> 박평식 : 마늘쑥떡 돌리는 어리광 축제

문제가 된 것은 이용철 평론가의 "여기가 그렇게 만만해 보였을까"라는 평이다. 일부 네티즌들은 이 평론가의 '13자'를 영화의 내용이나 완성도에 대한 평이 아니라 감독에 대한 인신공격이라고 해석했다. 평론가와 비슷한 듯 다른 위치에 있는 기자들은 이 '사건'을 앞다투어 기사화했다. 기사 대부분의 논조는 이용철 평론가의 고압적 자세를 비난하는 방향으로 집약되었고 한편에서는 영화인들이 가지고 있는 선민의식과 우월주

박성광 감독의 〈웅남이〉 포스터

의적 태도를 영화계의 오래된 고질병으로 지적했다. 가수, 코미디언, 탤런트와 달리 언제부터 배우를 '배우님'이라고 불렀냐고 언성을 드높인 기사도 있었다. 해당 기사 말미에는 이 현상이 영화계가 다른 장르에 대해 '구별 짓기'한 결과라고 진단하기도 했다. 이용철 평론가는 사과문을 게시했지만, 이 사과문조차 비난받으면서 대중문화 '급' 나누기 논란으로 번졌다. 우리는 이 사태를 정확히 15년 전에도 목격한 적이 있다.

　　그 유명했던 'D-WAR' 논쟁을 플래시백 해보자. 감독 이송희일은 스스로 박해받은 자로 자리매김한 심형래의 발언을 일종의 프로파간다로 취급하면서 "심형래가 700억을 써서 영화 만들면서 작가주의를 이야기하는데 나한테 그 돈을 주면 영화 700편, 좀 퀄리티를 올려서 350편은 만들어서 각각의 영화에 대해 작가주의를 이야기할 수 있다."라고 비판했다.

그리고 이 발언을 옮긴 언론은 "이송희일 감독, 내게 700억을 주면 〈디워〉 (심형래, 2007) 같은 영화 350편은 만들 수 있다."라고 둔갑시켜 논쟁을 진흙탕으로 만들었다. 이후, [백분토론]에서 진중권 교수는 〈디워〉에 대해 평가할 가치가 없다고 하면서 "'영구가 '영구 없다'라고 하는 꼴", "엉망진창인 이 영화에 대한 일방적 옹호에 꼭지가 돈다."라는 표현을 써서 많은 사람에게 반감을 샀다. 사실 이송희일과 진중권, 그리고 이용철은 같은 맥락의 말을 했다. 단지 발언에서 생략된 문장이 각기 달랐을 뿐이다.

  이송희일, 진중권 : 영화의 내용이 평을 할 수 없을 정도로 나쁘다. 애국심 마케팅, 박해자 코스프레로 세상에 영화를 내놓은 당신 (여기가 그렇게 만만히 보였는가)
  이용철 : (영화의 내용은 평을 할 수 없을 정도로 나쁘다. 미디어 권력을 가진 유명 희극인이라는 무기만으로 무모하게 영화를 내놓은 당신) 여기가 그렇게 만만히 보였는가

이미 고인이 된 정치인 정두언은 음악을 사랑해 4집 앨범까지 발매했다. 태권도 품새 국가대표 지낸 나태주는 트로트 가수로 활발히 활동하고 있다. 그리고 수많은 연예인 역시 다른 영역에서 활동하고 있다. 하지만 이들의 '변화'에 딴죽을 건 사람은 거의 없다. 음악, 그중에서도 노래의 진입 장벽은 여타 장르에 비해 낮고 그것을 감상하기까지 약 4분밖에 소요되지 않는다. 좋은 노래를 부르는 데는 최고의 음향 시설이 동원되지 않아도 무방하다. 노래는 그런 의미에서 누구에게나 열려있다. 하지만 모든 예술 장르가 노래(음악)처럼 평등하지 않다. 사람들은 특별히 시간과 공간에 구애받지 않는 이 지극히 민주적인 장르에 비해 여타 장르들 이를 테면, 무용, 문학, 연극, 회화를 조금 더 전문적이라 여기며 이것들이 대중 예술의 범위를 벗어나 클래식의 영역으로 편입되었다고 생각하기도 한다. 클래식을 넘보는 자는 그 무게를 견뎌야 한다는 암묵적인 합의가 우리들 가슴 속에 자리 잡은 것처럼 보인다.

일례로 솔비, 구혜선, 하정우가 회화의 영역을 넘나드는 일에 대해 서는 가볍지 않은 비난이 뒤따랐다. 여기서 주목할 점은 이들의 행위가 아닌 결과이다. 정체가 묘연하지만 인플루언서, 즉 사회에 영향력을 행사 하는 사람, 다시 말해 정치적 역량이 있는 사람의 행위가 작품의 내재적 성과보다 더 큰 결실을 보는 현상에 대해 해당 영역에 종사하는 사람들 은 허탈감을 분노로 치환하기도 한다. 하지만 미술계에서 인플루언서들 의 행위가 〈웅남이〉 사건처럼 사회적 이슈가 되는 경우는 드물다. 왜냐하 면 취미로 여겨질 수도 있는 '그림 그리기'와 달리, 대규모 자본과 많은 인 력이 투입되는 영화는 취미의 영역을 벗어나기 때문이다. 실험 영화나 학 생 영화가 아닌, 극장 개봉을 염두에 둔 피처 필름(feature film)의 경우 에는 "여기가 그렇게 만만해 보일 수 없는" 영역이 되기도 한다. 하지만 월 경을 감행한 박성광의 영화는 예상과 달리 꽤 준수한 초반 성적을 거두었 다. 영화진흥위원회 통합전산망에 따르면, 2023년 12주 차(3월 24일~3월 26일) 박스 오피스에서 〈웅남이〉는 〈스즈메의 문단속〉(신카이 마코토, 2023)에 이어 2위(117,584)로 진입했다. 다음 주 흥행 성적은 신통치 않았 지만, 한국 영화 평균 제작비의 절반 정도로 제작된 〈웅남이〉는 어느 정 도 선전했다고 평가받을 수 있다. 그러나 박성광에게 미디어 영향력이 부 재했다면, 과연 이 정도의 흥행 성적을 거둘 수 있었을까? 산업의 논리에서 '투자받을 만한 가치가 있는' 시나리오인지 아닌지에 대한 평가는 엄격한 과정을 거친다. 그럼에도 불구하고 박성광은 〈웅남이〉를 만들어 냈고, 이용철은 영화의 영역에서 벌어진 모종의 영향 관계의 결과를 두고 볼멘소리를 했다. 그는 정치적인 영향력이 없다면, 작품화되기 쉽지 않은 이야기가 스크린에 걸린 데는 대중 미디어를 움직일 수 있는 정치적인 벡터가 작용했고, 그 결과 〈웅남이〉가 세상에 나올 수 있다고 판단한 것이다. 이용철이 그러한 평을 쓴 이유는 운동의 벡터들이 수렴한 결과물의 질적인 수준 때문이지만, 근본적으로는 "마늘쑥떡 돌리는 어리광 축제(박평식)" 같은 영화 때문이다. 하지만 우리는 이 사건을 통해 영화(계)가 '만만치 않다'는 것을, 이 분야에 발을 들여놓기 위해서는 여러 가지 힘들의 영향 관계가 포진해 있다는 사실을 알게 되었다. 그렇다면 여기서 멈추지 말고 영화가 "힘들의 영향 관계에서 왜 자유로워질 수 없는가?"라는 질문을 진지하게 제기해 봐야 한다.

영화는 더 만만해져야 한다.

중국과 북한에 대해서 우리가 느끼는 별스러움은 인민들이 말하지 못하는 데 혹은 않는다는 데 있다. 이들 정치 체제를 유지하는 힘은 68혁명의 구호(금지하는 것을 금지한다.)와는 정반대의 방향으로 옹립된 슬로건, '모든 비판을 금지'하는 데 있다. 미학의 정치화는 말을 잃은 자들의 목소리를 복원하는 것으로 시작해야 한다. 말할 수 없는 사회에서 침묵을 지키는 것도 하나의 정치적 표명이지만 그것은 '미학적'으로 정교하게 이뤄져야 한다. 〈징후와 세기〉(아피찻퐁 위라세타쿤, 2006)가 태국 왕가와 불교를 비판했다는 이유로 자국 내 상영이 금지되자, 아피찻퐁은 삭제된 해당 장면 대신 블랙 화면을 여러 군데 삽입하여 인터넷으로 상영했다. 이 침묵은 쇼트라는 '단어'를 빼앗긴 예술가가 입은 벌렸지만 발화하지 않음으로써 수많은 의미를 전달하는 행위로 읽혔다. 하지만 예술가에게 이렇게 말을 빼앗는 체제는 일부 전체주의 혹은 신정주의 국가 이외엔 현재 거의 존재하지 않는다. 그럼에도 불구하고 우리는 때때로 언어를 봉쇄당한 느낌을 지울 수 없다. 어떤 경우에는 '만만해 보이지 않아서' 담을 넘을 수 없고 또 어떤 경우에는 제도나 편견 때문에 용기를 낼 수 없기에 자유롭게 발화할 수 없다. 그런 측면에서 본다면 박성광은 영화라는 철옹성에 구멍을 낸 매버릭이다. 영화가 스스로 보이지 않는 벽을 없애고 누구라도 참여할 수 있는 민주주의의 산물이 되기 위해서는 앞으로 또 다른 박성광이 나와야 한다. 인플루언서가 영화 제작을 하면, 한 번쯤은 그들이 가진 영향력으로 흥행에 도움을 받을 수 있다. 하지만 두 번은 그럴 수 없다. 그러므로 월경하려는 이 매버릭들이 해야 할 일은 단 하나, 자본에 대한 책임을 지는 것이다. 영화가 노래처럼 누구나 부를 수 있는 완전한 대중 예술이 될 수는 없겠지만 지금보다 문턱이 낮아진다면 더 다양한 목소리가 스크린에 투영될 수 있을 것이다. 그러기 위해서 영화는 지금보다 더 만만하게 보여야 한다. 이 만만한 분위기가 만연하게 되면, 또 다른 박성광은 영화계에 우후죽순으로 등장할 것이다. 그때가 되면 투자받은 자본만큼 이윤을 취할 자격이 없는 콘텐츠는 처음부터 제작되지 않을 것이며, 그때는 이용철 평론가도 더 이상 "여기가 그렇게 만만히 보였는가."라고 일갈하지 않을 것이다. 근대의 민주주의가 혁명으로 시작해 각자의 생각을 투표로 기입하는 행위로 완성되었다면, 21세기 디지털 민주주의는 내 생각과 의견을 인터넷 공간에 게재하는 행위로 시작해 소형화된 디지털 기기를 이용하여 다양한 영역에 나를 침투시킴으로써 완성될 것이다. 하지만 이를 통해 참여는 가능하겠지만 미학적 관점에서 진정한 민주주의의 혁명은 여전히 요원하다. 어째서 그런 것일까? 미학의 민주주의가 도대체 무엇이기에?

지난 시절, 정치 영화의 풍경

영화의 혁명적 가능성을 일찍이 파악한 사람은 발터 벤야민이다. 기술 복제 시대에 탄생한 아우라 없는 이 대중 예술은 진본이 없다는 사실로 인해 다른 여타 예술과 대별(大別)되었다. 그러나 영화는 진본이 없는 것이 아니다. 진본과 사본 사이에 차이가 없다는 영화의 특성은 기존과 다른 미학적 관점을 제시할 필요성을 제기했다. 진본이라고 불리는 네거티브 필름은 사본을 생산하기 위해 존재할 뿐, 미학적으로 어떤 가치도 지니지 못한다. 우리가 본 영화는 네거티브를 역상으로 인화한 사본이다. 이 사본들에는 위계가 없다. 부자든 빈자든 모두 같은 사본을 본다. 그리고 영화는 특별한 경우가 아니면 작품에 따른 혹은 관람 좌석의 배치에 따른 관람료의 차등이 없는 유일한 퍼포먼스 장르다. 이 모든 평등이 가능한 이유는 바로 아우라의 상실 때문이다.

물론 조르주 뒤아멜 같은 보수주의자는 '노예들의 소일거리'라고 영화에 저주를 퍼부었지만, 자본주의에 종속된 대다수의 현대인에게 영화는 가장 접근성이 좋은 장르였고 평등을 요구하는 민중들이 그들의 이야기를 감상할 수 있는 가장 편리한 창구로 기능했다. 영화는 음악과 달리 화음이나 화성도 없고 회화와 달리 삼원색도 존재하지 않는다. 모든 프레임의 크기와 길이는 동등하게 배분되고, 그것은 1/24초 동안의 시·공간만을 점유한다. 벤야민은 예술에서 발생한 아우라 상실을 멜랑콜리한 눈으로 바라봤지만, 한편으로는 영혼 없는 이 새로운 장르에서 혁명의 가능성을 파악했다. 그는 바야흐로 모두에게 평등한 이 불가사의한 매체가 어떤 이야기라도 담을 수 있다고 생각했다. 하지만 영화는 모든 종류의 이야기를 할 수 없었다. 이데올로기적 국가기구(Ideological Sate Apparatus)는 영화의 방종에 대해 통제를 가했고 등급을 부여했다. 아무 말이나 기탄없이 발화하려던 영화의 욕망은 곳곳에서 제도, 윤리, 정치와 부딪혔다. 이에 맞서 영화는 정치를 완전히 전경화하여 낯설게 만들거나 현란한 수사로 정치성을 감추면서 평등과 민주주의를 실현하려 했다.

우리는 영화가 정치를 말하는 여러 방식에 대해서 알고 있다. 〈꽃잎〉(장선우, 1996)이나 〈그때 그 사람들〉(임상수, 2005)처럼 직접적으로 정치적인 사건을 다룬 영화를 정치 영화라고 부르곤 한다. 전체주의 국가에서는 이렇게 표면적으로 정치를 앞세우는 영화를 가장 억압했다. 이 경우, 정치 영화는 〈그들도 우리처럼〉(박광수, 1990)이나 〈화분〉(하길종, 1972)처럼 숨바꼭질하듯 우회하여 시대에 관한 후일담으로 태세를 전환했다. 과거 우리의 억압적 상황은 사건을 직접적으로 다루는 영화를 미래로 보내고, 은유로서의 영화를 전면에 배치하도록 이끌었다. 이에 좌절한, 언어를 통제당한 예술가는 습작 기간이 끝나기도 전에 매너리즘에 빠져버렸다. 이는 영화뿐만 아니라 예술 제(諸) 영역에 걸쳐서 나타난 현상이다.

특정한 사건에 얽매이지 않고 이데올로기로써 자본주의(신자유주의)를 공격하는, 더욱 범용적인 세련된 정치 영화는 세기가 바뀐 후에 봉준호의 역량으로 비로소 개화했다. 물론 곡사와 윤성호를 비롯한 독립영화 진영에서는 좀 더 직접적으로 현실의 정치적 상황을 반영했지만, 영화를 가능하게 하는 거대 자본은 의도가 드러나지 않는 포장을 원하기에 와이드 릴리즈 되는 작품을 찾아보기 힘들었다. 한때 장윤현과 더불어 독립영화의 기린아였던 이상인의 〈깡순이, 슈어 프로덕츠 노동자〉(1989)처럼 직접적으로 노동 문제를 정치화한 다큐멘터리 영화가 없는 것은 아니나, 대다수 관객은 작품의 존재조차 인식하지 못한 채 특정 계층에만 소구되었다. 결국 대부분의 정치 영화는 자본의 논리에서 벗어날 수 없기에 소규모로 제작되거나 정치적인 함의를 풍자 혹은 은유에 기대어 표명하는 방식으로 흐르기 십상이다. 한국 사회에서 영화는 그만큼 혹독한 조건 아래 제작되었기에 정치 영화는 금기 아닌 금기가 되었다.

20세기와 달리 새로운 밀레니엄에서는 다양한 정치 영화가 등장했지만 이는 기존 언론이 제구실을 못하면서 그 대안적 역할을 자임하는 영화계 바깥의 움직임이 주를 이루었다. 이들 영화는 대부분 탐사보도 형태로 대중에게 선보였다. 그동안 한국의 정치 영화는 지정학적(Geo-Politic) 요인으로 인해 켄 로치처럼 자신의 신념을 제대로 표출할 수 없었다. 이는 앞으로도 요원한 일이 될 것이다. 또한 한국의 정치 영화는 베르나르도 베르톨루치, 알랭 기로디, 오시마 나기사, 카트린 브레야, 파트리스 르콩트처럼 성(性)과 결합하여 성 정치학을 선보인 경우도 극히 드물다. 김기영처럼 심리학과 결합하는 경우도 있었지만, 대부분은 그 자체가 장르(1980년대 에로영화)가 되어 대중에게 선보였다. 가장 흔한 경우는 장르를 불문하고 성을 끌어들여 대중의 관음증을 만족시키는 수단으로 사용된다. 한국 영화에 성은 흘러넘쳤지만, 영화 속 성은 정치와 결합하는 대신 언제나 안전한 길을 선택했다. 그리고 지금은 성역(聖域)화된 성(性)

이라는 이유로 장선우가 〈거짓말〉(1999)에서 부렸던 만용(?)을 다시 보기 힘들게 되었다. 한국의 성 정치학 영화는 문제적 감독 장선우에 의해서 시도되었고 곧 밀봉되었다. 성이 정치와 활발하게 결합하는 이유는 성이 도덕과 윤리의 문제를 포함하기 때문이다. 도덕과 윤리는 또다시 규범화된 제도로 이어지고 이는 다시 정치의 문제로 연결된다. 인간 해방 차원에서 성과 정치는 이런 방식으로 밀접하게 관련되어 있다. '러시아 혁명의 붉은 장미'로 불렸던 알렉산드라 콜론타이와 레닌의 연인이자 정치적 조언자였던 이네사 아르망이 공산주의 혁명을 완수하려면, 성과 사랑의 혁명이 동시에 이루어져야 한다고 주장했던 이유가 바로 이 때문이다. 하지만 레닌은 "프롤레타리아 여성들이 사랑에 대한 토론을 즐기기에는 적절한 때가 아니"라고 답하며 이들이 제기한 문제를 봉합했다. 그 결과 소련 사회는 국가가 개인의 성생활까지 통제하기에 이르렀고 결국 이렇게 완성된 성이 부재한 혁명은 관료주의와 전체주의로 변질되었다.

　　정치 영화가 언제나 평등과 진보를 말하지는 않는다. 반혁명과 퇴행적인 보수주의를 옹호하는 정치 영화도 허다하다. 우리와 대만 그리고 1950년대 미국에서 만들어진 반공영화가 그랬고, 1980년대 레이건 시절 만들어진 하드 바디(hard body)류의 영화들은 액션 장르를 앞세워 정치성을 획득했다. 이 영화들은 소련을 비롯한 외국 테러리스트를 안타고니스트로 설정하고 코만도나 람보와 같은 '하드 바디' 주인공들이 미국을 수호하는 것으로 마무리된다. 우리가 지난 시절 즐겨 보았던 '팔도강산 시리즈', 1970년대 중후반에 제작된 '얄개 시리즈'는 미국의 그것보다 오히려 고도화된 프로파간다였다. 물론 프로파간다와 정치가 상반(相伴)하는 전체주의 국가의 영화 역시 정치 영화에 포함된다. 문화혁명기의 양판희(樣

板戲) 영화, 1987년 이후 이론적으로 정립된 주선율(主旋律) 영화에 길든 중국 관객들은 21세기에도 여전히 장르화된 정치 영화의 영향력에서 벗어나지 못한다. 그런 의미에서 북한의 모든 영화는 정치 영화로 규정할 수 있다. 하지만 미학적인 차원에서 정치 영화는 단지 소재와 주제적 차원에만 머무르진 않는다. 진정한 의미에서 정치 영화는 좀 더 근원적인 문제를 파고든다.

정치적인 영화, Reset!

시스템의 사전적 정의는 필요한 기능을 실현하기 위해서 관련 요소를 어떤 법칙에 따라 조합한 집합체이다. 그러므로 시스템은 체계적이며 효율적이어야 한다. 하지만 시스템은 근본적으로 배제의 원칙을 지닌다. 지금

왼쪽부터 〈람보〉(1982),
〈코만도〉(1985), 〈탑건〉(1986)

까지 예술이 직조된 원칙도 시스템의 원리와 불가분의 관계를 맺어왔다.
자크 랑시에르는 인류가 만든 예술 체제를 윤리적 체제(régime éthique
des images), 재현적 체제(régime représentatif des arts), 미학적 체제
(régime esthétique de l'art)라는 이름으로 범주화했다. 단순히 말해서
윤리적 체제는 플라톤이 입론한 바로 그 패러다임을 의미한다. 이러한 개
념 아래에서 예술 작품은 이마고(imago), 즉 이미지에 불과하며 개인과
공동체의 에토스(ethos)에 미치는 영향만이 중요하게 평가된다. 플라톤
의 예술관에 따르면, 이마고는 예술과 동의어이므로 그것의 독자성은 상
실되고 예술 작품의 의도와 목적만이 부각된다. 그런 의미에서 본다면, 오
늘날 스크린에서 상영되는 대다수의 정치 영화는 윤리적 체제의 산물이
라고 할 수 있다. 이에 반해, 영화의 역사에서 중요한 흐름을 주도한 각종
주의(ism)는 더 이상 작품을 특정한 목적이나 용도에 따라 평가하지 않

는다. 여기서는 "모방물들이 어떤 예술에 고유하게 속하는 것으로서 인정될 수 있고 그 틀 속에서 좋거나 나쁜, 적합하거나 부적합한 모방물로서 평가될 수 있는 조건들(재현할 수 있는 것과 재연할 수 없는 것의 분할들; 재현된 것들에 의한 장르들의 구별; 장르들, 그러므로 재현된 주제들에 대한 표현 형태들의 각색 원리들; 사실임직함, 알맞음 또는 일치들의 원리들에 따른 유사(類似)들의 분배; 예술들 사이의 구별과 비교의 기준들 등)을 정의하는 규범성의 형태들로 전개된다."[1] 이 패러다임 안에서 예술은 재현의 고유한 법칙과 수사를 가지며, 삶은 예술에서 분리되면서 자율성을 획득하게 된다. 물론 이 자율성은 무한하지 않다. 이 자율성은 세계가 품고 있는 일반성과 유비 관계에 놓일 때만 허용된다. 따라서 아리스토텔레스의 『시학』은 보편성과 개연성으로 세계의 가능성을 탐색하려 한 일종의 규범집이라고 할 수 있다. 랑시에르는 아리스토텔레스가 옹립한 시스템을 재현적 체제라고 불렀다. 이 패러다임으로 인해 우리는 드라마투르기, 캐릭터 형성법, 극의 구조, 몽타주, 연기론, 화성법, 3일치 등 예술 작품의 미학적 요소를 이루는 세부를 논할 수 있게 되었다.

사람들은 혁명에 봉사하고자 하는 염원이 미학의 정치화를 구현할 수 있다고 믿지만, 사실 그것은 어려운 일이다. 왜냐하면 이미 그것은 재현적 시스템 안에서 이뤄지기 때문이다. 랑시에르에 따르면, 재현적 시스템 안에서 벌어지는 행위는 '정치'에 복무하는 것이 아니라 '치안'에 복무한다. 기존 체제를 유지하는 데 필요한 각종 규범, 그것을 수호하는 행위는 치안이지 정치가 아니다. 정치는 치안과 달리 매번 이 체제를 유동적

---

1) 자크 랑시에르, 오윤성 옮김, 『감성의 분할』, 도서출판b, 2012년, 28쪽.

으로 만든다. 이른바 '감각의 재배치'라 불리는 랑시에르의 용어는 이미 점유한 시공(時空)을 끊임없이 재분할하고 이를 공유하는 것으로 요약된다. 시는 시인이 써야 한다는 보이지 않는 규칙을 깨부수는 일, 노동자의 시간은 낮이며 시인의 시간은 밤이라는 고정된 생각을 무로 돌리는 일, 그래서 노동에 지친 노동자의 신체와 목소리가 밤에도 드러나게 하는 일, 이미 암묵적으로 합의된 거대한 시스템을 재조직하는 일, 이런 일들은 결코 재현적 체제에서는 일어날 수 없다. 규범의 집합, 즉 체제를 유지하는 모든 규칙에서 비상(飛上)하는 길, 이미 어떤 힘으로 고정된 운동의 벡터를 자유롭게 방기하는 길로 나아가기 위해 랑시에르는 배제당한 신체와 목소리를 사회의 모든 영역에 환원시키는 체제를 상정한다. 미학적 체제라고 불리는 이것은 대체로 예술의 시대라고 불리는 19세기 이후에 발생했다. 귀스타브 플로베르가 그처럼 사소한 것들, 이를테면 '아무 말도 없이 묵묵히 앉아 있기', '바느질', '문 밑으로 부는 바람', '돌바닥 위의 먼지', '암탉의 울음소리'[2] 등을 『보바리 부인』에 기입했을 때, 비로소 문학의 민주주의가 도래했다고 랑시에르는 주장한다. 이는 "사건의 본질을 가장 잘 드러내는 하나의 순간을 포착하여 한 장면에 담아내야 한다"는 고트홀트 레싱의 예술론에 반박하는 질 들뢰즈의 사유와도 공명한다.

플로베르는 단어, 문장 사이의 위계를 폐기하면서 글쓰기의 영도(零度)에 관한 일종의 전범을 보여주었다. 플로베르의 글쓰기는 버지니아 울프와 앙드레 브르통으로 대표되는 초현실주의 그리고 2차 대전 후에는 누보로망으로 이어졌다. 음악에서도 쇤베르그는 화성법을 해체하여 12음계

---

2) 구스타프 플로베르, 민희식 옮김, 『보바리 부인』, 문예출판사, 2007, 39쪽.

를 창안했고 이는 1950년대 총렬주의 음악으로 이어졌다. 그렇다면 음들의 위계로 이뤄진 화음을 해체하여 모든 음을 공평하게 사용하면서 새로운 감각의 분할과 재배치하려는 움직임이 영화에서는 없었겠는가?

진정한 정치 영화의 사례들

영화 역시 치안이 아닌 정치의 패러다임을 도입하고 운동의 벡터를 진정 자유롭게 놓아주려는 시도를 꾸준히 전개해 왔다. 〈전쟁은 끝났다〉(알랭 레네, 1966)를 예로 들어보자. 영화는 스페인 파시즘에 대항하여 투쟁을 전개하는 중년의 혁명가를 다룬다. 이 혁명가는 디에고(Diego)란 이름 이외에 무수한 가명을 가진 사람이다. 그는 상황에 따라 이름을 바꿔가면서 행동한다. 하지만 진정한 스파이인 주인공에게 각기 다른 이름은 이미 자신의 정체성이 된 지 오래다. 그러므로 그에게 본모습이 무엇인지를 묻는 행위는 무의미하다. 그를 이루는 것은 이름들, 신분들, 그리고 켜켜이 쌓인 과거의 지층들이다. 이 과거의 지층들은 현재와 뒤섞이며, 때로는 플래시백으로 때로는 플래시 포워드로 현재와 동등하게 배치된다. 존재했던, 존재하는, 존재할 모든 시공간이 혼재되면서 그를 총체적으로 구성한다. 고로 우리는 디에고를 규정짓는 준거점을 세우려고 노력해서는 안 된다. 모든 시간의 층에 존재하는 각기 다른 디에고에게 동일한 무게감을 부여해야 한다. 레네가 시간의 시트(sheet)를 이용하는 것과 달리, 미켈란젤로 안토니오니는 오브제(objet)의 병렬을 통해 쇼트들의 평등을 도모한다. 안토니오니는 세르쥬 다네와의 인터뷰에서 다음과 같이 말한 바 있다.

"삶 속에는 휴식도 있고 불순한 요소들도 있고 내용이나 형상화의 오점들도 있다. 우리는 이를 존중해야만 한다. 하지만 시퀀스 각각이 서로 긴밀하게 연결되어 있는 영화들의 리듬은 삶의 템포가 아닌 가짜 템포다. 〈정사〉(1960)가 개봉되었을 때 관객에게 충격을 주었던 이유는 이 영화가 삶에 훨씬 더 가까운 템포를 가지고 있었기 때문이다."[3]

안토니오니는 삶의 진짜 템포에 접근하기 위해, 감각운동도식에 따른 고전 영화의 법칙을 버리고 죽은 시간(temps mort)을 활용한다. 머뭇거림, 빈틈, 침묵을 만들어 인과율을 폐기한다. 또한 공간을 채우는 대신 여백을 두어 죽은 시간이 들어갈 간격을 만든다. 그는 어떤 경우에도 설정 쇼트를 두지 않음으로써 닫혀 있던 디제시스를 활짝 열어 놓는다. 안토니오니는 인물마저 또 하나의 사물(objet)로 기능하게 함으로써 인물에게 부여된 특권적 지위를 박탈하고 휴머니즘의 허상을 관객에게 주지시킨다. 사건이 멈추면서 개입하는 죽은 시간은 예상할 수 없는 방식으로 시적인 순간과 결합한다. 무표정한 배우의 얼굴, 중요하지 않은 초인종이나 전화벨 소리는 창문으로 들어오는 바람의 촉각과 같은 단순한 재료들과 병치되면서 이야기는 풀어헤쳐지고 서사는 작동을 멈춘다. 서사가 멈춘 자리에는 묘사만이 가득 차게 되는데, 이 묘사는 언제나 그 뒤에 따라오는 또 다른 묘사를 위해 자신의 자리를 내준다. 안토니오니는 모든 이미지를 이런 방식으로 서사가 아닌 묘사에 복무시킨다. 그러므로 묘사는

---

3) Michelangelo Antonioni, "La méthode de Michelangelo Antonioni", Cahiers du Cinéma, n° 342, Décembre, 1982, p. 64.

그 자신에게만 의미를 가질 뿐 특정 이야기나 장면에 포섭되지 않으며, 언제나 뒤에 올 또 다른 묘사만큼의 가치만을 지닌다. 따라서 모든 쇼트는 의미는 임의적이며 임시적이다. 안토니오니의 모더니즘은 특권을 모두 놓아버린 영도의 이미지들로 이 세계를 포착하려는 새로운 미학적 시도라고 할 수 있다.

차이밍량은 한때 숭고주의자였다. 〈애정만세〉(1994), 〈하류〉(1997), 〈구멍〉(1998), 〈거기 지금 몇시니〉(2001), 〈흔들리는 구름〉(2005), 〈떠돌이 개〉(2013)의 모든 쇼트는 마지막에 배치된 '결정적인 장면(decisive moment)'을 위해 존재했다. 이 결정적인 장면은 지금까지 진행되어오던 내러티브를 순간적으로 정지시키면서 우리의 상상력을 일거에 불능의 사태에 빠뜨리곤 했다. 이런 불가항력과 마주치면 인간은 무(無)에 수렴하거나 철저하게 비참해진다. 장 프랑수아 리오타르는 숭고(sublime)에 대해서 다음과 같이 말한다. "이(숭고)는 관념과 형상의 불행한 만남으로부터 배태된 자식이다.…… 상상력은 폭력을 겪어야만 한다. 그것은 고통, 그것을 침해하는 폭력의 매개에 의해서만 규범이 획득되는 것을 지켜보는(또는 거의 보는 것과 다름없는) 즐거움이 획득되기 때문이다."[4] 그렇다면 숭고는 우리 정신에 가하는 폭력이며, 숭고를 대면하는 쾌는 불쾌에 기인한다. 따라서 숭고의 쾌는 존재의 소멸을 각오하고 맞이해야 하는 주이상스(jouissance)와 다를 바 없다. 데뷔 초부터 숭고에 집착하던 차이밍량은 2012년 영화를 시작한 지 20년 만에 〈행자〉(2012)를 통해 완전히 다른

---

4) 장 프랑수아 리오타르 외, 「숭고와 관심」, 『숭고에 대하여』, 문학과 지성사, 2005, 222쪽.

세계로 돌아선다. 숭고를 풀어헤쳐 모든 장면에 동등한 가치를 부여하기 시작한 그는 스님이 삼천 번 동안 행한, 일보 일보를 동일한 미장센과 템포로 포착한다. 스님의 운동은 세계를 향해 열려있으므로 처음부터 특정한 벡터를 가지지 않는다. 하나의 점으로 수렴하던 결정적인 장면은 모든 쇼트에 동등하게 배분되면서 지속(durée)으로 나아간다.

새로운 흐름은 작가주의 영화에만 국한되지 않는다. 대표적인 장르 영화 서부극은 그동안 백인 중심의 서사에서 탈피하려는 다양한 시도를 해왔다. 이 영화에서 인디언이나 흑인은 긍정적인 이미지로 등장하거나 중심인물로 묘사되기도 한다. 이런 경향은 정치적 올바름(political correctness)이 대세로 자리 잡은 현시대에 〈더 하더 데이 폴〉(제임스 새뮤얼, 2021)과 같은 영화를 낳기도 했다. 이 영화는 등장인물 대부분을 그동안 타자화되던 흑인들로 구성하면서 서부극을 탈 신화화한다.

켈리 라이카트가 〈퍼스트 카우〉(2019)에서 선보인 방식도 눈여겨볼만하다. 주요 인물들의 성별과 캐릭터에 대한 설정에서도 정치적 함의를 읽을 수 있지만, 다수의 평자가 이 영화를 주목한 또 다른 이유는 총싸움이 등장하지 않는 서부극이라는 점이다. 더불어 우리가 주목할 지점은 이 영화가 서부라는 공간 그 자체를 다시 보게 만든다는 사실이다. 일반적으로 서부극에서 공간은 거대한 공기호로써, 인물들의 행동을 유도하며 이는 사건으로 촉발된다. 들뢰즈가 언급했던, 이른바 SAS(Situation-Action-Situation)로 통칭하는 큰 형식은 내러티브의 근원이 되는 공간보다는 이곳에서 펼쳐지는 사건에 더 집중하게 만든다. 지금까지 서부극에서의 상황(Situation)은 인물이 어떤 행동을 하게 만드는 요인이기에 그 자체의 발생 요소는 별로 중요하게 취급되지 않았다. 그러나 〈퍼스트 카우〉

새로운 정치 영화 〈퍼스트 카우〉

는 결투의 몽타주를 삭제한 대신 이 공간에서 발생하는 바람 소리, 숲의 전경, 나뭇잎 사이로 비친 햇살, 음식에 관한 에피소드, 인종을 초월한 우정이라는 요소에 골고루 주의를 기울이면서, 주목받지 못했던 서부의 미시사(微視史)를 스크린에 투영한다. 이처럼 〈퍼스트 카우〉는 일찍이 경험한 적 없는 방식으로 그동안 우리가 간과했던 고전주의 서부극 무대 자체를 전경화한다. 차이밍량처럼 숭고를 해체하여 지속으로 나아가는 혁명적인 방식은 아니지만, 서부라는 공간을 이루는 제 요소들에 대해 평등한 시선을 견지하려는 시도 역시 새로운 정치 영화 만들기의 일례로 거론할 만하다.

처음부터 레네는 미학적 체제에서 시작했지만, 안토니오니와 차이밍량 그리고 라이카트는 재현적 체제 속에서 예술 경력을 시작했다. 하지만 그들은 새로운 미학을 위해 자신 혹은 선배들이 정한 규범을 무너뜨리면

〈퍼스트 카우〉

서 진화했다. 미학적 체제로 진입하기 위해서는 이처럼 언제나 규범을 허물어뜨릴 준비가 되어 있어야 한다. 힘이 센 음들은 해체될 준비가 되어 있어야 하고 결정적인 장면들은 죽은 시간과 지속에 자리를 내줄 태세를 갖춰야 한다. 치안이 아닌 정치를 구현할 수 있는 실제적 도구, '감각의 분할'을 위해서 몫 없는 자들에게 자리를 배분할 수 있는 시·공간을 마련해 두어야 한다. 여기에는 시인도 노동자의 낮 시간을 취할 수 있고 노동자도 시인의 밤 시간을 자신의 것으로 만들 수 있는 역동성과 가변성이 존재한다. 이를 위해서는 코미디언도 "영화를 만만하게" 여길 수 있어야 하며, 30년 동안 가정주부였던 이도 영화로 월장할 수 있어야 한다. 노래가 특정 계층의 전유물이 아니듯 영화 역시 모든 이에게 개방되어야 한다. 디지털 기기는 도래할 진정한 민주주의의 물적 토대를 구축했다. 이제 남은 것은 이른바 미디어 리터러시라고 불리는 교육학(페다고지)이다. 미와 예술에 대한 페다고지(pedagogy)의 정립은 기술에 대한 접근보다 사유가 우선되어야 한다. 평등한 참여로 이뤄지는 디지털 민주주의가 미학적 민주주의로 나아가면서 겪어야 할 여러 가지 미학적 난제들은 다음 단계에서 고민해도 늦지 않다.

피에르 부르디외는 개인들의 취미 판단(취향)이 무관심성(interesse-losigkeit)에서 출발한 것이 아니며, 그들이 처한 계급이나 신분의 위계를 그대로 반영한다고 여겼다. 그런 이유로 그는 칸트 미학을 비판했다. 하지만 부르디외는 부지불식간에 각 계급은 그 자리에 부합되도록 느끼고 생각하는 방식을 유지한 채 존재해야 한다는 '재현적 질서'에 정당성을 부여함으로써 미와 예술이 가진 정치적 문제의식 자체를 제거했다. 줄기차게 감각의 재분할을 요구한 랑시에르적 관점에서 부르디외의 사유는 예술이 정치가 아닌 치안에 봉사하는 전형적인 예에 불과하다. 미학적 체제에서 태어난 영화는 그 자체에 내재한 평등성으로 민주주의에 봉사해야 하며, 이는 제한 없는 참여와 미학적 평등주의의 토대 위에서만 가능하다. 따라서 우리가 사랑하는 영화는 금지하는 모든 것을 금지해야 하며, 이 세계의 운동을 포착할 수 있는 진정한 자유로움을 가져야 한다. 그런 이상이 달성될 미래의 어느 때, 진정한 정치 영화가 등장하는 바로 그때, 영화는 마침내 이 세계와 하나가 될 것이다.

〈더 메뉴〉: 평론가, 예술가, 관객의 위치

김현승

영화평론가. 고려대에서 역사교육과 철학을 전공하고, 한국예술종합학교 영상이론
과 전문사 과정에 재학 중이다. 2022년에 제42회 한국영화평론가협회 신인평론상
으로 등단하였다. 지금은《르몽드 디플로마티크》에서 「김현승의 시네마크리티크」
를 연재 중이다. 영화 매체와 관객성을 다루는 메타-필름에 관심을 두고 있다.

펜과 노트를 챙겨 영화관을 가는 날이 많아졌다. 어두컴컴한 극장 안에
서 글자를 끄적이는 일은 더는 내게 낯설지 않다. 인상적인 대사와 장면
몇 개를 종이 위에 옮겨 적는다. 영화 노트는 관람을 마치고 글을 쓰는 데
많은 도움이 된다. 머릿속에서 가물거리던 영화의 조각들이 퍼즐처럼 제
자리를 찾아간다.

어쩌면 영화를 보며 글을 쓰는 것은 극장의 명령에 반하는 행위일지
도 모른다. 영화관은 관객에게 극단적인 수동성을 요구한다. 스크린에서
시선을 거두는 찰나, 영화 속 환상 세계에 균열이 생길 수 있기 때문이다.
때로는 사소한 정보도 놓치지 않으려다 정작 다음 장면을 놓치는 상황이
발생하기도 한다. 이처럼 스크린과 적절한 거리두기는 시네필에게 양날의

검처럼 느껴질 때가 있다.

집으로 돌아와 영화에 대한 내 생각을 글로 정리한다. 완성된 글은 2시간가량의 경험과 분명 다른 무언가이다. 평론가는 언어로 표현할 수 없는 이미지를 분해하고 다시 언어로 조립한다. 이미지와 언어 사이에 벌어진 거대한 틈 앞에 이따금 나의 글이 무의미해 보일 때도 있다. 그렇지만 나에게 주어진 도구는 하나뿐이기에 다시 노트를 챙긴다. 비록 좋아하는 것에 완전히 몰입할 수 없지만, 그 또한 어쩔 수 없는 것이라고 나를 위로한다.

그렇게 또다시 펜과 노트를 들고 극장에 갔다. 〈더 메뉴〉(마크 미로드, 2022)는 안야 테일러 조이의 눈빛에 이끌려 고른 영화다. 만찬에 초대받은 인물들이 식당이 있는 섬에 도착한다. 그들 중 객석의 나와 꼭 닮은 한 사람을 발견했다. 식사 도중 계속해서 요리를 평가하는 음식 평론가 릴리언(자넷 맥티어)이다. 열정적인 감상평에도 어쩐 일인지 나의 눈에는 그녀가 요리를 즐기지 못하는 것처럼 보였다. 그녀에게서 나는 자연스럽게 내 모습을 관찰하고 있었다.

잔혹한 시식회

관객을 향한 환영 인사와 파인다이닝 코스에 해당하는 소제목까지, 〈더 메뉴〉에서 요리가 상징하는 바는 꽤 노골적이다. 한 편의 영화를 제작하기 위해 심혈을 기울이는 순간들이 접시 위의 우아한 요리들로 변모한다. 하지만 섬세하게 장식된 요리 너머에는 지독한 난장이 감춰져 있다. 창작의 즐거움을 강탈당한 한 예술가의 분노가 터져 나오기 시작한 것이다.

〈더 메뉴〉요리를 평가하는 릴리언

    '호손' 식당에 다양한 손님들이 방문한다. 사회·경제적 위치가 제각 각인 이들은 모두 저마다 허영에 빠져있다는 공통점을 갖고 있다. 주인공 커플을 제외하면 가장 눈에 띄는 손님은 릴리언이다. 요리 평론가인 그녀 는 총괄 셰프 슬로윅(레이프 파인스)을 유명하게 만든 장본인이다. 동시에 매서운 혹평으로 수많은 음식점을 폐업시킨 악명 높은 인물이기도 하다.

    릴리언은 음식을 평가할 때 습관적으로 신화를 인용하고 시적인 표 현을 남발한다. 요리를 혀가 아닌 머리로 이해하는 전형적인 '평론가' 캐 릭터인 셈이다. 그녀와 유사한 캐릭터를 〈바빌론〉(데미언 셔젤, 2022)에서 발견할 수 있다. 영화 평론가 엘리노어 세인트 존(진 스마트)이다. 그녀 또 한 지대한 영향력을 바탕으로 스타를 탄생시키고, 또 생명이 다한 스타를 몰락시킨다. '목도한다'는 단어를 즐겨 쓰는 엘리노어는 현학적인 표현에 집착하는 릴리언의 모습과 겹친다. 결국 두 영화 모두 허영심 가득한 평론 가 캐릭터를 통해 웃음을 자아낸다. 고상한 단어를 남발하는 평가가 예술 의 본질과 동떨어져 보이는 것은 부정할 수 없는 사실이다.

    이처럼 "절대 만족하지 못하는 관객"을 한곳에 모아놓은 식당은 서

〈바빌론〉 평론가 엘리노어 세인트 존(진 스마트)

서히 공멸을 향한다. 한 테이블에는 무자비한 혹평을 무기 삼아 예술가의
밥줄을 끊는 평론가가 있다. 다른 테이블엔 맹목적인 팬심으로 "예술의
신비로움을 산산조각 내는" 광팬이 있다. 언뜻 정반대로 보이는 두 손님은
모두 창작자에게 눈엣가시 같은 존재일 뿐이다. 작품에 사사건건 간섭하
는 제작자 역시 마찬가지다. 요리 코스가 진행됨에 따라 상처 입은 예술가
의 분노는 점차 예술 제작 과정 전반으로 번져나간다.

　　그렇다면 평론 '권력'을 마구잡이로 휘두르는 평론가와 몰상식한 팬,
그리고 자본을 등에 업고 예술을 망치는 제작자만이 문제였을까? 이들이
모두 사라지고 나면 예술을 통해 인간 대 인간의 온전한 교감이 이루어질
수 있을까? 이에 대한 〈더 메뉴〉의 대답은 부정적이다. 예술가들 자체가
이미 지독한 선민의식에 사로잡혀 있기 때문이다.

　　총괄 셰프 슬로윅은 스스로를 "삶의 원재료를 활용해 죽음까지 구현
하는" 예술가로 명명한다. 생태계 전체를 선사하겠다고 호언장담하는 그

의 과도한 자신감에서 자신만이 아름다움을 선사할 수 있다는 확고한 믿음을 엿볼 수 있다. 그가 선사하는 요리는 대중에 대한 우월감을 반영한다. 모든 코스는 감탄스러울 정도로 아름답지만, 관객 각각의 기호와 수용 방식은 전혀 고려하지 않은 일방적인 예술에 불과하다.

두 번째 코스인 '빵 없는 빵 접시(Breadless Bread Plate)'가 대표적이다. 슬로윅은 곡물이 식품의 65%를 차지하는 흔한 재료이기 때문에, '보통 사람'이 아닌 손님들에게 감히 빵 따위를 대접하지 않겠다고 말한다. 비꼼에 가까운 요리에도 릴리언은 "계급의 역사와 요리를 절묘하게 엮어냈다" 평가하며 웃음 짓는다. 심지어 슬로윅의 극성팬인 타일러(니콜라스 홀트)는 "단순한 요리가 아닌 스토리텔링"이라며 환호한다. 거만한 태도에 반발하는 이는 오직 마고(안야 테일러 조이) 뿐이다. 손님에게 빵을 대접하지 않는 식당은 그녀에게 상식 밖의 일이다. 결국 두 번째 코스

〈더 메뉴〉 신경전을 벌이는 마고와 슬로윅

는 마고에게 외면받고, 슬로윅은 자신의 요리를 거부한 그녀와 신경전을 벌인다.

빵을 무조건 대접 받아야겠다는 마고의 주장은 논쟁의 여지가 있다. 모든 코스 요리가 식전 빵을 포함할 필요는 없기 때문이다. 하지만 음식을 거부하는 그녀를 대하는 슬로윅의 태도는 명백히 잘못되었다. 예술가가 모든 관객을 만족시킬 필요가 없듯이, 관객 또한 취향에 맞지 않는 예술을 거절할 권리를 갖기 때문이다.

코스가 진행되며 슬로윅의 요리가 지닌 일방성은 점차 폭력성을 드러낸다. 세 번째 코스 '추억(The Memory)'에서 서빙된 토르티야에는 각 손님의 치부가 프린팅되어있다. 수치심을 느낀 손님들은 분노를 터트리지만, 예술가는 태연하게 자신의 작품을 소개한다. 네 번째 코스 '난장판(The Mess)'부터 스크린에 본격적으로 스릴러의 분위기가 드리워진다. 다른 사람의 평가에 압박감을 느끼던 부주방장 라우덴이 손님들 앞에서 권총으로 자살한다. 패닉에 빠진 손님 몇몇이 식당을 빠져나가려 하자 식당 직원들이 그들을 막아선다. 부주방장의 죽음은 코스 중 하나로 예정된 것이었고, 그의 골수를 활용한 식사가 손님들에게 제공된다.

안톤 이고의 제언

〈더 메뉴〉는 예술계 전체에 만연한 우월감과 그 기저에 놓인 인정 욕구를 의식하고 있다. 이는 다소 납득이 가지 않는 슬로윅의 호소에서 두드러진다. 그는 관객에게 즐거움을 선사하는 것만을 예술가가 본래 향해야 할 길로 규정한다. 따라서 분노가 왜곡된 방향으로 번져나갈 때 자칫 인정받

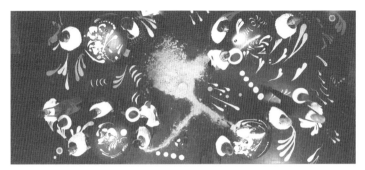

〈더 메뉴〉 마지막 요리 코스 '스모어'

지 못한 예술가의 징징거림으로 느껴지기도 한다. 인정 욕구가 최우선시 되며 어느새 예술은 '서비스'라는 이름으로 몸을 파는 행위와 동일시된다. 자신이 과거에 '괴물'이자 '걸레'였다는 셰프의 고백은 그의 불완전한 예술 관을 여실히 드러낸다.

무분별하게 발산되는 분노는 더욱 그의 자기합리화를 가로막는다. 출연한 영화가 재미없었다며 배우를 살해하고, 학자금 지원 없이 아이비 리그를 다녔다는 이유로 학생을 해칠 때 예술가의 자만은 정점에 이른다. 심지어 슬로윅은 자신의 반인간적인 행위를 '예술의 순수함'으로 포장하 기 위해 마틴 루터 킹의 연설문을 인용한다. 초대된 손님들만큼이나 광기 에 휩싸인 예술가를 바라보는 관객들 또한 당혹스러움을 감출 수 없었을 것이다.

상심에 빠진 예술가는 끝내 자신의 '원대한 계획'을 완성한다. 공산 품 쓰레기로 전락한 예술을 정화하기 위한 마지막 코스, '스모어(S'more)' 이다. 허세에 찌든 예술가와 어리석은 관객들 모두 불길에 휩싸인다. 이때 스스로를 불태우는 셰프만큼이나 최후의 만찬을 겸허히 받아들이는 손님들의 태도가 인상적이다. 그들은 모두 자신이 저지른 죄를 인정한다. 예술을 정화하는 화염은 이내 스크린 너머의 관객을 향한다.

비록 완전히 정당화되지는 못했지만, 순수 예술을 향한 〈더 메뉴〉의 열정은 의미 있는 비판을 건넨다. 영화의 총구는 단순히 상업화로 타락한 예술인만을 향하지 않는다. 가령 "너는 영원히 인정받지 못할 것"이라는 상사의 폭언과 유명 인사의 성 추문은 예술계 전반에 드리운 그림자를 상기시킨다. 하지만 이 글은 논의의 명료함을 위해 영화관을 둘러싼 권력 구조 분석에 집중하고자 한다.

〈더 메뉴〉는 음식과 영화라는 훌륭한 메타포와 서사 전체를 알레고리화하는 연출을 통해 현실의 예술 시장을 재현한다. 예술가는 제작사의 지원을 받아 작품을 만든다. 제작사의 부당한 요구에도 예술가는 작품의 완성을 위해 기꺼이 자신의 창작물을 수정한다. 그렇게 완성된 작품은 권위 있는 평론가에 기대어 명성을 쌓는다. '뭘 좀 아는 듯한' 지식인들의 살롱 문화는 일반 관객에게 지대한 영향을 미친다. 현실에 지친 관객들은 대부분 깊은 사유를 포기하고 소위 전문가라는 이들의 말을 곧이곧대로 받아들인다. 자본의 논리는 예술의 제작, 홍보, 평가, 관람 등 모든 요소에 걸쳐 뿌리내려 있다. 〈더 메뉴〉는 지긋지긋한 현실에 피로감을 느낀 예술가가 터트린 자폭탄과도 같다. 모든 구조가 무너져 내리며 아이러니한 해방감을 자아내는 이유는 모두가 각자의 위치에서 작게나마 불만을 품고 있기 때문이다.

〈더 메뉴〉의 메시지는 그 어느 때보다 한국 영화 위기론이 강하게 대두되고 있는 현시점에 큰 울림을 남긴다. 지난 2월 한국영화감독조합이 주최한 '디렉티스 체어' 행사에서 최동훈 감독은 멀티플렉스 티켓 가격

웹툰 〈부기 영화〉 195화 중 한 장면

인하를 간절히 요청했다.[1] 현재 제작 중인 한국 영화가 단 한 편도 없다는 이유에서였다. 하지만 그가 사태를 과하게 단순화했다는 반론도 만만치 않다. 정상진 엣나인필름 대표는 "물가와 최저임금 등을 고려하면 관람료 인하는 비현실적"[2] 이라고 주장했다. 오히려 그는 "한국 영화가 관람료

1) '외계+인' 최동훈 감독 "티켓 가격 내려야 한다", 위키트리, 2023.03.05, https://www.wikitree.co.kr/articles/833847

2) '드라마 제작? 관람료 인하? 영화계 살릴 묘안은', 한국일보, 2023.04.22, https://hankookilbo.com/News/Read/A2023041920380005436?did=NA

에 맞는 가치를 보여줬는지를 되돌아보는 것이 더 중요하다."고 덧붙였다.

하지만 콘텐츠의 질이 흥행을 보장하지 못하는 사례가 점점 많아지고 있다. 박찬욱 감독의 최근작 〈헤어질 결심〉(2021)이 대표적이다. OTT의 등장으로 극장 관객은 블록버스터와 액션 장르에 치우치고 있다. 폭발적인 시청각 자극이 없다면 굳이 극장을 찾을 이유가 없기 때문이다. 박찬욱 감독의 필모그래피 중 가장 '덜 자극적'이라 평가받는 〈헤어질 결심〉의 흥행이 부진했던 이유도 이와 맞닿아 있는 듯하다.

흥행을 위해 관객의 기호에 맞는 장면을 삽입하는 것은 새로운 현상이 아니다. 한국 상업 영화에서 자연스러운 흐름을 방해하는 장면은 어렵지 않게 찾을 수 있다. 미학적 완성도를 낮추는 '인공첨가물'은 역설적으로 많은 관객을 불러 모은다. 이 같은 현상은 슬로윅이 작품에 간섭하는 제작자를 익사시킨 이유와 일맥상통한다. 제작자는 셰프에게 더 값싼 재료로 만들 수 있는 대체 메뉴를 강요했다. 현실은 물론 스크린 속 세계까지 철저하게 자본의 논리가 작동하고 있다.

나는 한국 영화 산업을 다시 일으킬 거창한 정책을 알지 못한다. 하지만 〈더 메뉴〉의 자기 파괴적인 지적은 현실의 영화계에 의미 있는 화두를 던졌다. 영화는 예술가, 평론가 그리고 관객이 예술을 대하는 태도를 비판한다. 아무리 훌륭한 정책이 발의되더라도 예술을 즐기는 사람들의 바람직한 태도가 전제되지 않는다면 언제든 물거품이 될 위험을 안고 있다. 따라서 〈더 메뉴〉가 각각의 위치에 제언하는 바를 정리하며 글을 마무리하고자 한다.

우선 한 가지 가설을 세워볼 필요가 있다. 내 주변인 중 대다수가 극장에 걸린 한국 영화를 보지 않는다고 한다. 한국 영화를 '믿고 거르는'

이유를 물어보면 돌아오는 대답은 대체로 하나로 귀결된다. 뻔하고 재미가 없기 때문이다. 예컨대, 명절 특수를 노린 영화들의 경우 소재만 다를 뿐, 일관된 정서와 주제가 지배적이다. 제작사의 강한 입김이 이러한 현상의 원인 중 하나라는 것은 부정할 수 없다. '관객의 입맛'에 맞는 영화만이 만족스러운 수익을 보장하기 때문이다.

그런데 흥행을 위해 변형된 시나리오가 실제로 관객들을 끌어모을 수 있을까? 관객은 역사 영화에서 뜬금없이 펼쳐지는 차량 추격 액션에 열광할까? 작위적인 눈물을 강요하는 영화가 극장을 나선 관객에게 좋은 인상을 남길 수 있을까? 제작사는 투자금 회수를 위한 안전한 '공식'을 강요한다. 하지만 한국 관객은 이미 오랜 시간에 걸쳐 반복되는 클리셰를 거부해 왔다. 코로나로 인해 티켓 가격이 상승하며 이제야 관객들의 거부감이 수면 위로 드러났을 뿐이다. 어쩌면 제작사는 한국 관객의 수준을 너무 얕봤던 것일지도 모른다.

제작사가 새로운 방향성을 모색하기 위해서는 관객과 예술가의 '바람직한' 태도가 전제되어야 한다. 창작자에게 최대한의 자유가 보장되었

〈더 메뉴〉 섬에서 탈출하는 마고(안야 테일러 조이)

〈라따뚜이〉 음식 평론가 안톤 이고

음에도 그 결과가 과시적인 작품과 관객의 차가운 외면이라면, 결국 다시 원점으로 회귀할 뿐이다. 〈더 메뉴〉는 이상적인 예술가-관객의 모습으로 막을 내린다. 추가 코스인 '치즈버거(Supplemental Course: A Cheeseburger)'이다. 목숨을 잃을 위기에 처한 마고는 우연히 풋내기 시절 슬로윅의 행복한 미소가 담긴 사진을 발견한다. '예술 테러리스트'도 처음부터 모든 것을 무너뜨리려 하지는 않았다. 그도 한때 음식을 먹고 미소 짓는 손님을 보며 행복해하던 때가 있었다. 순수하게 즐거움을 공유하는 예술가와 관객의 관계가 다소 이상적으로 보이는 것은 사실이다. 하지만 실현이 어렵다고 그것에 다가가고자 하는 의지마저 단념해서는 안 된다.

　'순수 예술'을 위해 관객은 스스로 사고할 수 있어야 한다. 언제부턴가 '예술적인' 영화가 개봉하면 유명 평론가의 해석을 정답지처럼 여기는 관객들이 많아지고 있다. 이와 더불어 5점 만점의 별점은 영화의 다양한 면을 납작하게 수치화한다. 평론가와 별점에 휘둘리지 않는 관객이야말로 예술이 본성을 회복하기 위한 가장 중요한 조건이다. 평론가는 그저 수많은 관객 중 한 명일 뿐이다. 권위를 넘어서려는 시도가 빈번할 때야말로 예술은 풍성함을 통해 생명력을 유지한다. 주체적인 사고가 꼭 복잡하고 어려울 필요도 없다. 작품에 대한 자신의 느낌을 정리하는 것만으로도 충분히 예술이 추구하는 목적에 부합한다.

마지막으로 평론가들을 위해 애니메이션 〈라따뚜이〉(2007) 속 음식 평론가 안톤 이고의 말을 인용하며 글을 마무리하고자 한다. 자신의 평가에 내재하는 권력과 편견을 깨달은 그가 말한다. "우린 혹평을 쓰기 좋아하고 그게 쓰기에도, 읽기에도 재미있다. 하지만 우리 평론가들이 인정해야 하는 것은 모든 걸 고려해 볼 때, 하찮은 음식이라도 그게 우리의 비평보다는 더 중요한 의미가 있다는 것이다."

반-정치의 이미지를 향하여
: 세르히 로즈니차와 이미지 윤리의 정치

이현재

경희대학교 K컬쳐·스토리콘텐츠연구소, 리서치앤컨설팅그룹 STRABASE 뉴미디어·게이밍 섹터 연구원. 「한류 스토리콘텐츠의 캐릭터 유형 및 동기화 이론 연구」(경제·인문사회연구회), 「글로벌 게임산업 트렌드」(한국콘텐츠진흥원), 「저작권 기술산업 동향 조사 분석」(한국저작권위원회) 등에 참여했다. 2020 동아일보 신춘문예 영화평론부문, 2021 한국만화영상진흥원 만화평론부문 신인평론상, 2023 게임문화재단 게임제네레이션 비평상에 당선되어 《르몽드 디플로마티크》 등 다양한 분야에서 평론 활동을 하고 있다.

폭력 이미지의 리트머스지가 된 우크라이나

타임지는 2022년을 회고하며 2022년의 인물로 블라디미르 젤렌스키를 올해의 인물(The Person of the Year)로 선정했다고 밝혔다. 타임지의 편집장인 에드워드 펠센설은 "우크라이나를 위한 전투가 희망으로 가득 차든, 두려움으로 가득 차든 젤렌스키 대통령은 우리가 수십 년 동안 보지 못한 방식으로 세계를 자극했다"라는 선정의 변을 남겼다. 펠센설의 변론은 젤렌스키에 대한 두 가지 이해를 제시하고 있다. 하나는 두려움을 이겨내고 조국에 남아 부당하게 영토를 침범한 러시아에 맞선 영웅적인 지도자라는 것이다. 이는 젤렌스키에 대한 통상적인 이해이며, 상식적으로도 큰 저항 없이 받아들일 수 있는 평가이기도 하다. 러시아의 침공이 시작된 2월, 젤렌스키는 망명을 떠날 것이라는 전 세계의 예상을 깨고 전쟁이 시작된 우크라이나에 잔류했다. 이는 10개월 가까이 지속된 전쟁 속에서 러시아의 확장적 제국주의를 방어하는 계기를 마련했으며, 나아가 3차 대전으로 이어질 수 있었던 지정학적 긴장의 실질적인 완충 역할을 온몸으로 수행했다는 대체적인 평가의 계기가 되어주었다.

그렇다면 "젤렌스키 대통령은 우리가 수십 년 동안 보지 못한 방식으로 세계를 자극했다"는 평가는 어떻게 이해해야 할까. 이는 긍정보다는 부정에 가까운 평가로, 사실상 러시아와의 협상 여지를 삭제하는 전략을 택한 것이 아니냐는 의혹에 근거한다. 다시 말해 젤렌스키의 주된 전략은 러시아가 벌인 영토 침공을 선동의 계기로 이용해 전쟁 종식의 계기를 마련하는 데 소홀했다는 것이다. 더불어 러시아와 우크라이나가 전쟁의 정당성을 점유하기 위해 미디어 전쟁을 벌이는 사이, 우크라이나 역시 러시아만큼이나 불확실한 정보를 통해 판단을 호도하고 미필적으로 전쟁을 연장했다는 의혹에서 벗어나지 못하고 있다. 젤렌스키의 군사 고문인 올렉사이 아레스토비치는 2022년 6월 영국의 유력지 주간지 「옵저버(Observer)」와의 인터뷰를 통해 "판단 대신 무기를 지원해달라"[1]고 말한 것 역시 이러한 주장의 근거가 되기도 했다.

이처럼 러시아의 우크라이나 침공은 젤렌스키로 대표되는 문제적인 현상들을 낳았으며, 이에 대한 담론들은 9.11 테러가 일어난 이후 꾸준히

---

1) Dan Sabbagh, 2022.06.12. "Ukraine Fears Western Support Will Fade as Media Loses Interest in the War", The Guardian, The Observer.

세르히 로즈니차 감독

제기되어왔던 이미지와 선동의 문제를 겨냥하고 있다. 물론 젤렌스키의
미디어 전략을 두고 ISIS 사태와 같은 선례를 끌고 오는 것은 과잉 반응에
가까우며, 러시아가 먼저 우크라이나를 침공했다는 점에서 평행비교 또
한 불가능하다. 하지만 러시아가 벌인 전쟁으로 인해 "우리가 수십 년 동
안 보지 못한 방식으로 세계를 자극했다"는 평가에는 일리가 있다. 굳이
근거를 들지 않아도 우크라이나가 러시아의 영토를 역으로 침범했을 때,
그것을 보복심에 근거한 '참교육' 내지 '정의 구현'으로 받아드리는 과정은
우려만큼이나 자연스럽고도 흔한 광경이다. 전쟁으로 이성을 발휘하는
것 자체가 난감해진 시대의 폭력 이미지란 그 자체로 리트머스 용지이며,
나아가 폭력에 대한 정당성에 대한 고민을 강요하는 사태이기도 하다.

우크라이나 전쟁에 대한 접근법의 변화와 흐름

영화계 역시 러시아의 우크라이나 침공에 대해 적극적인 반응을 보여왔다. 영화계에 있어 러시아와 우크라이나의 전면전과 대규모 살상은 예견된 미래와 같았다. 그만큼 영화계, 특히 다큐멘터리스트들은 오랜 기간 러시아와 우크라이나의 전쟁을 지켜봐 왔으며, 그것이 물리적으로나 예술적으로나 정치적으로나 얼마나 예민한 주제를 건드는 일인지에 대해 깊이 이해하고 있었다. 가령 2015년 〈마리우폴리스〉에 이어 올해 〈마리우폴리스2〉를 발표한 만타스 크베다라비시우스는 직접 전장으로 카메라를 가지고 들어갔다. 그러나 크베다라비시우스는 본인이 카메라를 들고 전장을 통과하고 있다는 촬영의 조건 외의 어떠한 정보도 제공하지 않는다. 때문에 관객은 시간순으로 편집된 감독의 이동 동선 외의 어떤 서사도 제공받지 못한다. 이는 촬영된 영상의 정보를 최대한 객관적으로 유지하려는 감독의 시도이기도 하지만, 한편으로는 전쟁에 대해 가치판단을 내리지 않겠다는 감독의 항복 선언이기도 했다.

한편 돈바스 지역의 작은 마을에 잠입하여 작업한 레렝 빌몽의 2017년 다큐 〈멀리 개 짖는 소리가 들리고〉는 한 소년을 적극적으로 따라간다. 감독은 폭격과 폭력에 노출된 소년이 총을 쏘게 되는 과정까지를 밀착하여 촬영하며 기록과 불법의 경계를 넘나든다. 하지만 2018년 루간스키와 도네츠크 지역에서 분리주의(친러시아파)가 본격적으로 득세하며 전황이 격화되자 경계에 서서 작업하는 것마저 위험한 상황이 된다. 지난 4월 영상 작업 중 러시아의 무차별 폭격으로 사망한 크베다라비시우스의 장엄한 최후가 일러주듯, 전황이 격화되던 2018~19년에 전장에 직접 카메라를 가지고 가는 일은 대단히 위험한 일이 되고 있었다. 현장을 직접 촬영할 수 없다는 창작 상의 제약은 작업 방식에 전면적인 변화를 불러일으켰다.

본격적인 작업의 변화를 보이기 시작된 것은 2018년 세르히 로즈니차의 〈돈바스〉에서부터 였다. 루간스키의 가상의 마을에서 분리주의와 정부군이 갈등하는 상황을 옴니버스 형식을 빌려 블랙코미디로 풀어낸 이 영화에서 로즈니차는 그동안 우크라이나와 러시아의 충돌을 담기 위해 동원되었던 다큐멘터리의 방법론을 버린다. 대신 배우와 가상의 공간을 빌려 우크라이나의 분쟁지역에서 벌어지고 있는 분리주의와 정부군의 담합과 부패, 그리고 그로 인한 우크라이나와 러시아 국민의 고통과 고난을 극적인 서사로 재현하는 방식을 택한다. 관객은 〈돈바스〉에서 등장하는 사건과 사태가 얼마나 사실인지, 그리고 어느 정도 허구인지 파악할 수는 없지만, 단순한 극영화로 보기에는 사건의 전말이 지나치게 구체적이라는 점과 간간이 등장하는 루간스키의 실제 지역에서 이것이 단순한 극영화는 아니라는 점을 어렵지 않게 눈치챌 수 있다. 이러한 접근법은 올해 선댄스 영화제 감독상을 수상한 마리나 고르바흐의 〈클론다이크〉까지 이어지는 접근법이기도 하다.

현장에 직접 걸어 들어가는 것을 포기한 대신에 재현을 통해 사태를 지목하는 방식은 필연적으로 그 사건에 은유성과 대표성을 부여할 수밖에 없다. 이는 영화에서 드러나는 사건의 명확성과 구체성을 떨어뜨리지만, 한편으로는 사건에 확장성과 상징성을 부여하여 더 과감한 시도를 가능하게 만들기도 한다. 가령 타르코프스키의 후계자로 손꼽히며 〈러시아 방주〉와 〈태양〉 등을 통해 거장의 반열에 오른 알렉산더 소쿠르프가

7년 만에 내놓은 신작 〈페어리테일〉은 히틀러, 처칠, 스탈린 등 세계 2차 대전과 관련된 지도자들의 어록, 그리고 딥페이크 기술을 활용해 그들이 지옥에서 자신들만의 유토피아를 꿈꾸는 실험적 다큐멘터리다. 〈페어리테일〉은 표면적으로는 세계 2차 대전과 그 전쟁을 지휘했던 리더들의 어록을 통해 인간의 이상과 야망, 그리고 그것이 불러온 폭력과 비극을 이야기하는 다큐멘터리다. 그러나 부산국제영화제에 보내온 인사말을 통해 밝혀온 "그동안 세계는 예기치 못한 역사적 변화를 겪었고, 그것에 대해 이야기해야 했다"는 감독의 작품 의도처럼, 작품이 궁극적으로 향하는 대상이 어디에 있는지는 어렵지 않게 알 수 있다.

맥락적 베리어 전략 혹은
제노사이드와 우크라이나를 이해하기 위한 조건들

세계 2차 대전이라는 제노사이드 사건을 거쳐 우크라이나 사태를 환유하는 접근을 택한 것은 선정성을 회피함과 동시에 지금 벌어지고 있는 첨예한 현상을 지목하고, 그에 대한 나름의 견해와 주장을 펼칠 수 있는 효과적인 접근 방식이다. 그러나 이러한 접근을 시도했던 것이 소쿠르프가 처음은 아니었다. 과거의 제노사이드를 경유하여 우크라이나 사태를 지목한 첫 사례는 앞서 언급했던 세르히 로즈니차였다. 로즈니차는 〈돈바스〉를 발표하던 해 〈재판〉이라는 의미심장한 다큐멘터리 영화를 내놓는다. 〈재판〉에서 로즈니차는 1930년대 스탈린의 소비에트 연합에서 '산업당'이라는 반국가 조직 관련자들을 재판하는 과정을 담고 있다. 피고인들의 진술과 검사의 심문, 그리고 그 결과 산업당 관계자들이 처형당하기까지의 과정을 푸티지를 통해 재구성한 이 다큐멘터리의 가장 큰 특징은 재판과 관련된 인물의 소속과 나이, 이름 등 기본 정보를 제외하면 맥락적인 정보는 거의 모두 차단된다는 점이다.

애초에 산업당 재판이 어떤 재판인지 역사적 의미를 모른다면 독해할 수 없도록 구성된 이 불친절한 영화에서 가장 드라마틱한 장면은 검사와 피고의 논리

〈재판〉의 포스터

싸움이 아닌, 피고와 다른 피고의 진술이 엇갈리는 지점이다. 그러나 피고는 한결같이 자신이 유죄이며 처형의 대상이라고 항변하는데, 그 이유는 산업당이라는 반국가 조직이 애초에 없었기 때문이다. 산업당 처형은 스탈린 시기 대숙청의 전조를 알리는 사건이다. 그러나 로즈니차는 푸티지를 통해 반역 행위가 어떻게 조작되었는지 밝히지 않는다. 대신 푸티지를 통해 재현되고 있는 광경이 수렴되는 곳은 레닌 말기 시행되어 스탈린이 물려받은 신경제정책에서 벌어진 권력 투쟁이다. 가령, 피고들이 예민하게 반응하는 것은 본인의 여죄 여부가 아니라 행보 그 자체다. 즉 피고인이 검사와 싸우는 지점은 죄가 아닌 행보다. 〈재판〉의 이러한 지점은 이데올로기로부터 자유롭지 못한 형사재판의 본질적인 한계와 적백 내전 이

후의 소비에트 사회가 가지고 있던 갈등 등을 담고 있지만, 이러한 모습을 굳이 2018년에 공개한 이유는 같은 해 공개된 〈돈바스〉와 엮어 볼 때 더 분명해진다.

로즈니차는 〈돈바스〉에서 분리주의자와 정부군을 굳이 나누지 않으며, 권력자와 피권력자 역시 나누지 않는다. 대신 〈돈바스〉의 모든 인물이 몰두하고 있는 것은 생존과 파괴다. 〈돈바스〉의 인물들은 분리주의자와 정부군을 가리지 않고 생존하기 위해 학살을 벌이거나 학살을 통해 생존하는 방식으로 연명하고 있는데, 그 과정에서 이들이 가장 집중하는 것은 학살을 누가 주도했는지와 그것이 어떤 행보로 남게 되었는지다. 때로는 있지도 않은 학살을 본인이 자행했다고 주장하는 인물들이 나오기도 한다. 이러한 정보의 오염과 왜곡은 분리주의자와 정부군, 권력자와 피권력자를 가리지 않고 나타나며, 심지어 때와 장소를 가리지 않는다. 명확한 서사가 없는 이 영화에서 클라이맥스라고 부를 수 있는 지점은 분리주의자와 정부군이 본인들의 이해관계 아래서 결혼식을 올리는 장면이다. 서로 다른 진영 속에서 각자의 신념과 이해를 따라 신부와 신랑은 서로를 증오하기 때문에 사랑할 수 있다고 일장 연설을 하는가 하면, 그 결혼식의 하객들은 본인이 어떤 마을에서 어떤 학살을 벌였는지 경쟁하듯 논쟁을 벌인다. 그리고 이 대화들 속에서 인물들에게 중요해지는 것은 내일의 생존이나 안정적인 권력이 아닌 본인의 행보 그 자체다.

이 두 영화를 겹쳐본다면, 러시아와 우크라이나를 전면전에 이끈 돈바스 전쟁의 풍경이 로즈니차에게는 어떤 모습으로 비춰졌는지 유추할 수 있다. 돈바스는 권력의 유무, 신념의 방향, 더 나아가 성별과 같은 인간의 생체적인 기본적인 분류까지 모조리 전쟁이라는 사태 안에 몰아넣는 일종의 블랙홀과 같았다. 그 블랙홀 안에서 우리가 가장 손쉽게 상상할 수 있는 것은 생존을 위한 몸부림이지만, 그조차 큰 의미가 없으며 남아 있게 된 가치는 오직 본인이 어떤 행보를 보였는지에 대한 스스로의 믿음 뿐이다. 다만, 로즈니차의 이 풍경을 이해하기 위해서는 상당히 고맥락의 정보들을 관객이 스스로 파악하고 있어야 한다. 이렇듯 로즈니차가 역사적 맥락을 통해 마련해놓은 베리어는, 역설적이게도 전쟁이라는 대규모의 폭력 사태를 담은 이미지를 수용하는 조건이 되기도 한다. 이는 로즈니차의 영화에 있어 엘리트주의라는 비판을 피할 수 없게 만드는 요소이기도 하다. 이러한 비판의 요지는 대중적 매체로서 기능하는 영화의 존재 양식을 해치고, 관객에게 지나친 위악을 전시한다는 비판을 받았던 〈젠틀 크리쳐〉와도 이어지는 부분이 있다.

로즈니차 역시 이러한 비판을 무시로 일관한 것은 아닌 듯하다. 로즈니차는 여전히 고맥락을 이용하여 관객이 스스로 뛰어넘어야 하는 베리어를 구현하고 있으며, 두세 개의 영화를 겹쳐보지 않는다면 이해하기 어려운 고맥락의 전술을 유지하고 있다. 그러나 서사를 뭉개다시피 난해하게 구성해 가치판단을 적극적으로 유보했던 2018년과 달리, 러시아와 우크라이나의 갈등이 전면전으로 치달은 2021년 이후에는 전작들보다 적극적으로 가치판단을 내리고 있으며, 서사 역시 비교적 선형적으로 변했다. 다만 여전히 가치판단의 대상은 특정한 대신 환유의 대상이 2차 세계 대전으로 집중되었으며, 〈재판〉과 〈돈바스〉의 관계처럼 구조적인 유사점을 통해 메시지를 유기적으로 확장해 나가는 것이 아닌, 내용적인 유사성을 통해 구조를 유기적으로 확장해 나가는 전략을 구사하는 쪽으로 바뀌었다.

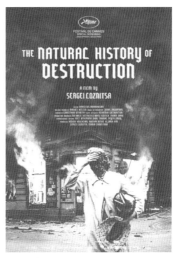

〈바비야르 협곡〉과 〈파괴의 자연사〉의 포스터

조작 가능한 기계-재현의 천박함

로즈니차의 고맥락 전략이 변화를 보인 것은 러시아와 우크라이나의 전면 전이 본격화되기 시작한 2020년 이후이다. 로즈니차는 2021년과 2022년 까지 〈바비야르 협곡〉〈키이우 재판〉〈파괴의 자연사〉〈미스터 란즈베르 기스〉까지 총 4편의 영화를 발표했다. 여기서 리투아니아의 탈소련 운동 을 지휘한 정치가인 비타우타스 란즈베르기스의 정치적 행적을 따라간 〈미스터 란즈베르기스〉를 제외하면 모두 세계 2차 대전을 직접적으로 다 루고 있으며, 〈미스터 란즈베르기스〉 역시 4시간이 넘는 장대한 상영시간 의 상당 부분을 냉전 시대와 CIS 지역의 탈소련 운동을 다루고 있다는 점 에서 세계 2차 대전으로부터 멀리 떨어진 시간을 다루는 것은 아니다. 다만, 〈미스터 란즈베르기스〉의 경우 로즈니차의 필모그래피 안에서도 상당히 이질적인 작품이다. 방법론적으로는 자신의 작가성을 드러내 온 방식이었던 러닝타임을 아카이브 영상으로만 채우는 다큐멘터리의 방법론을 포기하고 인터뷰를 병치하는 시도를 했으며, 이를 통해 한 명의 주인공이 전달하는 서사를 온전히 따라가는 영화로써 제작되었다. 이는 2020년 직후의 로즈니차 작업에 있어 일종의 각주로 이해하는 것이 적합해 보인다.

반면 〈바비야르 협곡〉〈키이우 재판〉〈파괴의 자연사〉 모두 전적인 (total) 아카이브 다큐멘터리의 방법론을 유지하고 있다. 다만 특징이 있다면 앞서 언급한 바와 같이 현재의 우크라이나 내에서 벌어진 일련의 국가 간 전면전을 환유하기 위해 2차 대전이라는 특정한 시기에 집중하고 있다는 점이다. 이는 단순히 인류 역사상 가장 큰 피해를 안겨준 전쟁사적 사건이기 때문만은 아닌 것으로 보인다. 로즈니차가 2차 대전이라는 특정한 시간대를 선택한 이유를 유추하기 위해선 2차 대전에 대한 기존의 비평적 담론을 이해할 필요가 있다. 2차 대전은 영화비평에 있어 우크라이나에서 벌어진 일련의 대규모 폭력 사태가 생산해낸 이미지와 비슷한 지위의 형상들을 생산한 사례였다. 이는 앙드레 바쟁과 세르쥬 다네를 비롯해 영화의 윤리적 가치에 천착해온 비평가들을 중심으로 전개되었는데, 특히 세르쥬 다네의 주장들은 대규모 폭력에 대한 이미지가 일종의 리트머스 용지로 사용되는 현시점에서 되돌아볼 만하다.

세르주 다네는 자크 리베트의 유명한 비평문 「천박함에 대하여」에서 질로 콘테코르보의 〈카포〉(1960)에서 홀로코스트의 죽음을 트래블링을 통해 재현한 장면을 두고 "가장 경멸받아 마땅한 자"라고 비판한 것을 적극적으로 옹호하며, 고다르가 트래블링 쇼트를 "트래블링은 도덕의 문제"라는 적어놓은 문구를 인용한다. 세르주 다네는 고다르의 경구를 인용하며 단순히 기계를 통한 재현의 윤리적인 문제에만 그치는 것이 아닌, 재현이 이데올로기에 복속되어 프로파간다를 수행하게 되는 경위에 대한 해석으로 확장한다. 세르주 다네는 이 과정에서 현실의 이미지와 영화의 이미지를 구분한다. 세르주 다네는 현실의 이미지가 조작될 수 없는 이미지이기 때문에 착취적으로 접근하더라도 기껏해야 퇴보적인 회고에 머무르나, 영화의 이미지는 기계를 통한 조작이 가능하기에 관음적인 시선과 사태를 규정하는 악의적인 권력이 형성될 수 있다고 보았다. 그리고 이러한 구분을 형성한 것이 2차 대전의 홀로코스트 사태가 만들어낸 이미지들이라고 주장한다.

이 점에 있어 2차 대전은 카메라 혹은 기계를 활용한 이미지가 프로파간다를 수행한, 혹은 수행하게 된 이유이기도 하다. 로즈니차는 현재 우크라이나에서 벌어지고 있는 대규모 폭력 사태와 그로 인해 발생하는 이미지가 어떤 방식으로든 프로파간다를 수행하고 있으며, 이는 곧 폭력을 연장하는 과정이라고 믿는 쪽에 가깝다. 이러한 로즈니차의 믿음은 〈바비야르 협곡〉과 〈키이우 재판〉에서 극적으로 드러난다. 특히 두 영화의 클라이맥스에 해당하는 교수형 장면에 이르면, 그것 자료화면이 독일군을 처형하는 스펙터클을 통해 스탈린 체제하의 소비에트를 하나로 묶으려는 의도로 기록된 것임을 알 수 있다. 이처럼 로즈니차는 2차 대전에 벌어졌던 일을 기록한 이미지들이 어떻게 역사적으로 사용되었는지 이야기하며, 오늘날 우크라이나에서 벌어지는 폭력 사태들의 카메라 기록들이 무슨 의도로 유통되고 있는지 고민해보라고 강요한다.

이는 특히 〈바비야르 협곡〉과 〈파괴의 자연사〉에서 수행되는 감독의 요구로써, 〈바비야르 협곡〉에서는 그 요구가 보다 직접적으로 일어난다. 〈바비야르 협곡〉에서 독일 전범을 처형한 뒤 이어지는 이야기는 스탈린이 우크라이나의 홀로도모르를 일으키고, 그로 인해 시체를 나치 전범이 처형되었던 그 바비야르 협곡에 매장하기까지의 과정이다. 그리고 이어지는 에필로그를 통해 현재 바비야르 협곡이 버려진 땅이 되었음을 지적하며, 특정한 기능을 위해 생산되었던 폭력의 이미지와 스펙터클이 이제는 프로파간다로써 쓸모를 잃어버리고 인간의 비이성적인 폭력성을 증언하는 기록으로 남게 되었음을 지적한다. 이는 시간을 지나 인간에게 다른 방식으로 되돌아온 기록의 산물이기도 하지만, 한편으로는 그 스펙터클을 기어이 기록하고 희열을 느끼며 즐겼던 인간의 천박한 군상에 대한 비평이기도 하다.

로즈니차는 〈파괴의 자연사〉에서 이러한 비평적 관점을 보다 큰 규모로 확장한다. 공간적으로 우크라이나에 머물렀던 〈키이우 재판〉과 〈바비야르 협곡〉과 달리, 〈파괴의 자연사〉는 독일에서 농사를 지으며 수확물을 추수하는 목가적인 이미지의 나치 선전물을 제시한 도입부를 제외한 나머지 모든 부분을 폭격과 그로 인한 파괴와 학살에 대한 기록으로 채워 놓은 아카이브 다큐멘터리이다. 다만 영화의 도입부에 사용되었던 영상이 나치의 선전물이었다면, 그 이후에 이어지는 영상은 연합군의 선전물인 셈이다. 이 구도 속에서 〈파괴의 자연사〉는 피아를 상관하지 않고 모든 문명을 파괴하는 전쟁의 참혹성을 아카이브된 선전물을 통해 재현한 일종의 회고적인 어두운 포르노그래피이다. 동시에 한편으로는 〈바비야르 협곡〉과 〈키이우 재판〉의 연장선에서 볼 때 러시아와 우크라이나가 주고받고 있는 미디어 전쟁에 대한 간접적인 코멘터리로 이해할 수 있다.

폭력을 넘어서기 위한 반-정치

이러한 2020년 직후 로즈니차의 영화들은 자칫 그가 염세적이거나 지나치게 인간을 비판하는 자기 파괴적인 성향의 작가로 오인하게 만들 수 있지만, 앞서 언급한 바와 같이 〈미스터 란즈베르기스〉의 경우는 전혀 다른 방향으로 제작된 영화로써, 앞의 세 편에 관한 일종의 해명을 수행한다. 〈미스터 란즈베르기스〉는 리투아니아를 구소련 체제로부터 독립시키기 위한 정치가의 정치적 행보를 담고 있다. 때때로 마키아벨리즘에 가까운 정치적 권모술수를 보여주긴 하지만 다분히 영웅 서사적인 이 영화는 리투아니아를 소련으로부터 독립시켰지만, 결국 정치에서는 실패한 인물의 이야기로 끝난다. 다만 로즈니차는 영화의 마지막에 란즈베르기스의 입으로부터 "본래 정치보다는 책과 음악에 뜻을 두고 있었다"며 정치로부터 가장 멀리 떨어진 인간의 모습으로 이야기를 닫는다.

정치적이었던 과거의 이미지가 아닌, 정치로부터 가장 멀리 떨어지게 된 실패한 정치가의 모습 속에서 로즈니차는 자연인으로

〈미스터 란즈베르기스〉의 포스터

돌아간 정치인의 모습을 평화롭게 전시하는 것으로 영화를 닫은 선택은, 로즈니차가 가진 정치적 태도가 어떤 특정한 진영에 있는 것이 아닌, 정치로부터 완전히 탈피된 인간의 모습을 이상향으로 그리고 있음을 추측케 한다. 이러한 로즈니차의 모습은 이미지를 정치에서 최대한 멀리 떨어뜨려 놓겠다는, (역설적이게도) 정치적인 로즈니차의 주장으로 읽히게 만든다. 이는 한편으로는 폭력을 넘어서기 위해서는 정치를 벗어나야 한다는, 소련인에서 벨라루스인으로, 그리고 우크라이나인이 되었다가 종국에는 리투아니아로 망명한 복잡한 국적을 가지게 된 한 영화작가의 항변처럼 보이기도 한다.

3

권력의 가장자리에서

〈정이〉와 〈더 문〉에서 작동하는
미래 권력의 폭력성

송영애

영화평론가. 서일대학교 영화방송공연예술학과 교수. 한양대학교 연극영화학과에서 영화 연출을 전공했다. 단편영화 4편을 만들었지만, 실험영화에 관심이 생기면서 대학원에서 영화 이론공부를 시작했다. 현재 대중문화, 영화역사, 영화교육, 대안영화 등을 연구하며, 《세계일보》,《르몽드 디플로마티크》에 기고 중이다. 공저로 『영화예술의 이해』(2000), 『은막의 사회문화사: 1950~70년대 극장의 지형도』(2017), 『한국영화감독1』(2020), 『영화와 가족』(2022) 등이 있다.

권력은 사전적으로 "남을 복종시키거나 지배할 수 있는 공인된 권리와 힘"[1]을 의미한다. 보통 정부, 경찰, 검찰, 군대 등에 의해 발휘되는 공권력이나 국가 권력, 정치권력 등을 떠올리게 되는데, '공인된 권리와 힘'이라는 넓은 의미로 볼 때, 더 다양한 차원의 권력도 여럿 존재한다. 국가 권력이나 정치권력 이외에 경제 권력, 문화 권력, 상징 권력 등으로 명명되는 권력이 동시에 작동 중이고, 니체, 푸코, 알튀세르, 그람시, 부르디외 등 많은 학자가 다양한 의견을 제시해오고 있다.

영화와 권력의 관계는 다양한 차원에서 논의할 수 있다. 먼저 영화

---

1) 네이버 사전, 표준국어대사전 참고.

〈정이〉와 〈더 문〉 포스터

는 다양한 권력에 관한 이야기를 담아낼 수 있다. 어떤 권력이든 권력의 핵심 인물부터 권력에 피해를 본 인물까지 다양한 사람들의 이야기가 가능하다. 시간적 배경, 공간적 배경, 권력 상황, 인물 성격 설정에 따라 이야기는 더 다채로워진다. 또한, 영화가 이야기를 담아내는 방식에 따라 권력 지향적일 수도, 대항적일 수도 있다.

영화의 제작 및 상영 과정에 권력이 개입되기도 한다. 예를 들어, 정치권력에 의해 영화제목이나 내용이 바뀌기도 하고, 나아가 제작 금지, 수입 금지, 상영 금지 등 강력한 법적 규제를 받기도 한다.[2] 경제 권력의 영

---

2) 우리나라에서는 영화 사전 검열은 1996년 헌법재판소의 위헌 결정 후 폐지되었다.

향도 받는다. 계약 조건에 따라 투자자의 의견이 영화 내용 수정, 캐스팅, 최종 편집본 등에 반영되기도 한다.

영화가 권력의 영향을 받기만 하는 것은 아니다. 영화를 통해 특정 이슈에 관한 관심 확대나 여론 형성도 가능하다. 지지, 응원, 지원 등으로 이어지거나, 비판, 보이콧, 수사, 조사, 관련 법 정비 등으로 이어져 권력 변화의 계기가 될 수도 있다.

영화와 권력에 대한 다양한 차원의 논의 중 이번에는 영화 내용에 담긴 특정 권력의 양상을 살펴보고 싶다. 권력의 범위는 '공인된' 즉 '법적으로 허용된' 권리로 넓게 적용할까 한다. 가까운 미래를 배경으로 한 SF영화 〈정이〉(연상호, 2023)와 〈더 문〉(던칸 존스, 2009)에서 권력 양상을 찾는 것은 어렵지 않다. 꽤 강력하게 작동하는 권력이 명확하게 드러나기 때문이다. 두 영화 모두 등장인물 사이에 명확한 권력관계가 형성되어 있는데, 과연 어떤 권력이 어떤 방식으로 발휘되고 있을까? 그리고 권력에 관한 입장은 무엇일까?

미래 권력은 경제 권력

〈정이〉와 〈더 문〉에서 가장 강력하게 발휘되고 있는 권력은 특정 기업체의 권력, 즉 경제 권력이라 할 수 있다. 두 영화 모두 영화 초반에 정확한 연도를 제시하지는 않지만, 환경 오염 상황과 인간의 대응 상황을 자막이나 뉴스 편집 영상을 통해 설명한다. 디스토피아를 그린 다른 SF영화와 유사한 모습이다. 지구 위기 상황에서 기술력을 바탕으로 거대 기업이 등장한 것으로 보인다. 두 영화의 주인공은 영화 내내 자신이 속한 조직의 권력에 순응하며, 연구 기술 인력으로서 자신의 업무를 수행한다.

〈정이〉에서 인간은 해수면 상승과 자원 고갈로 지구가 황폐해지자, 지구와 달 사이에 80여 개 쉘터를 마련했다. 그러나 그중 3개가 아드리안 자치국을 선언하면서, 연합군과 아드리안 군은 수십 년째 내전을 계속하고 있다. 하루빨리 전쟁을 끝내기 위해서는 새로운 전투 AI 로봇 개발이 필요한데, 개발 프로젝트 '정이'의 담당자인 윤서현 팀장(강수연)은 과연 프로젝트를 성공시킬 수 있을까?

〈더 문〉에서 인간은 달 표면에서 새로운 자원을 채굴하며 자원 고갈 상황을 해결했다. 문제는 달 기지에서 3년째 홀로 머물면서, 자원을 채굴해 지구로 보내고 있는 담당자 샘 벨(샘 락웰)의 건강에 이상이 생겼다는 것이다. 과연 그는 무사히 근무를 마치고 가족에게 돌아갈 수 있을까?

서현과 샘이 담당한 업무는 지구와 인간을 위한 일 즉 공공을 위한

〈정이〉 연구소의 서현

일로 보이지만, 그들은 공적인 조직의 일원이 아니다. 그들은 개인 회사 소속 직원으로서 직속상관, 임원, 회장으로 이어지는 회사 조직의 지휘를 받는다. 게다가 샘은 철저하게 혼자다. 사고가 발생한 상황에서도 공권력의 구조는 이루어지지 않는다. 샘을 고용한 회사에서 파견한 구조대가 영화 종반부에 도착하지만, 샘을 구조하는 것이 최우선 목표가 아니다.

서현과 샘의 주변 인물 중에는 회사의 지시에 절대적으로 복종하는 이도 있다. 〈정이〉에서 연구소장 상훈(류경수)은 끊임없이 "회장님"을 외치며 충성심을 드러낸다. 상훈이 '정이' 프로젝트에 집착하는 것도 회장의 숙원 사업이라 생각하기 때문이다. 연구팀원의 리더보다는 감시자에 더 가까운 면모를 보인다. 〈더 문〉에서는 로봇 거티(케빈 스페이시)가 수시로 회사와 연락하며, 샘에게 지시사항을 전달하면서 감시자이자 관리자 역할을 한다.

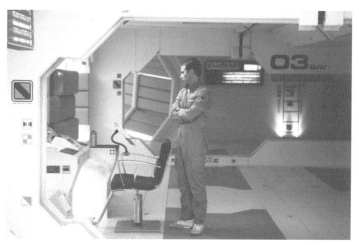

〈더 문〉 달 기지의 샘

〈정이〉와 〈더 문〉에서 서현과 샘은 특정 회사에 고용된 인력 즉 소위 말하는 '을'이다. 그들은 영화 중반에 각성하기 전까진 담당 업무를 충실히 해낸다. 반복적인 업무 속에서 무기력해 보일 정도다. 서현과 샘, 그리고 그들을 고용한 기업체 간의 권력관계는 꽤 견고해 보인다.

동의와 계약으로 공인된 권력

〈정이〉와 〈더 문〉에서는 '동의', '계약'이라는 단어가 자주 등장한다. 서현과 샘이 소속된 기업체가 권력을 획득한 방법이기도 한데, 법적인 절차에 따라 공인된 권리와 힘으로 권력관계를 형성한 것이다. 서현과 샘은 동의와 계약이라는 선택에 따라 기꺼이 회사의 지시와 명령을 따른다.

〈정이〉에서는 동의를 권유하고, 권유에 응하는 장면이 여러 번 등장한다. 35년 전 전쟁 영웅 윤정이 팀장(김현주)은 연합군 최고의 군인으로 인정받았지만 용병이었다. 정이는 딸 서현의 수술비를 마련하기 위해 본인의 목숨을 기꺼이 담보한 계약을 한 것이다. 큰돈을 벌기 위해서는 용병이 되는 수밖에 없었다고, 엄마의 이름을 딴 '정이' 프로젝트의 팀장이 된 서현은 새로 온 연구원에게 이야기해준다. 정이가 용병 계약을 맺는 과정은 영화에서 생략됐지만, 전투에서 식물인간이 된 정이를 두고 새로운 계약이 맺어지는 장면은 나온다. 수술 후 회복 중인 어린 서현 앞에서 정이의 어머니로 보이는 이가 정이의 뇌 정보를 크로노이드사에 제공하는 데 동의한다. 그 보상으로 크로노이드사는 서현의 교육을 지원할 것을 약속한다.

그렇게 확보한 정이의 뇌 정보가 전투 AI 로봇 개발에 활용되는 중이다. 정이의 뇌 정보는 이미 수십, 수백 전투 로봇에 이식되어, 전투 시뮬레이션 실험에 투입됐고, 실험이 끝난 로봇은 폐기되어왔다. 하필 로봇의 외모도 정이의 외모와 똑같다. 무한 복제되고 있는 것은 뇌 정보만이 아니다. 인형부터 수많은 상품이 이미 제작된 것으로 보이고, 앞으로도 제작될 예정으로 보인다.

서현 본인은 또 다른 동의와 계약을 해야 하는 순간을 맞이한다. 엄마 정이가 마련한 수술비로 생존했고, 정이의 뇌 정보 복제 덕에 무사히 성장했지만, 결국 과거 수술 부위에 암이 생겼다. 그런데 의사는 어떤 치료를 받겠느냐는 질문 대신, "뇌 정보를 어느 수준까지 제공하겠습니까?"라는 질문을 한다. 의사는 건강한 몸으로의 뇌 정보 이식을 권유한다.

겉으로 보기엔 인간인지 로봇인지 구분할 수 없는 몸으로 바꾸는 데에는 비용에 따라 A, B, C 등급을 선택할 수 있다. A 등급은 비용이 많이

〈정이〉에서 어린 서현

들지만, 인간과 같은 권리를 갖는다. 비용이 조금 덜 드는 B 등급은 뇌 정보를 정부에 제공하고, 결혼과 입양은 할 수 없다는 제약을 받지만, 인간과 유사한 권리를 갖게 된다. C 등급은 비용이 들지 않는 대신, 정부 이외 민간 기업에까지 뇌 정보를 제공해야 한다. 그 정보를 기반으로 여러 제품이 제조될 수 있어, 인간으로서의 권리는 보장받지 못하지만, 금전적 보상을 받게 된다. 바로 서현의 엄마 정이의 뇌 정보 이식 등급이라 하겠다.

친절하게 설명하고 선택할 기회를 주기는 하지만, C 등급 동의는 뇌 정보 제공 동의보다는 판매에 가깝다. 장기 매매, 인신매매 등과 달라 보이지 않는다. 지나친 인간 권리 박탈에 장기간 계약이지만, 〈정이〉 속 미래에선 공권력이 용인한 합법적 계약이다. B, C 등급의 뇌 정보 제공처에 정부도 포함되어 있고, 크로노이드사가 전투 로봇 정이를 판매하려는 상대도 바로 공권력 조직인 군대다. 경제 권력과 협력하며 인간 권리를 동의와 계약이라는 절차를 통해 판매하고 있고, 방조하고 있다.

2023년 현재, 오프라인과 온라인에서 개인정보 확인이나 제공에 동의하냐는 질문을 수시로 받는다. 예를 들어, 스마트폰에 앱을 설치할 때에도 동의하겠냐는 질문을 여러 번 받게 된다. 습관적으로, 기계적으로 동의를 하게 되는데, 〈정이〉를 보며 섬뜩함이 느껴지는 지점이다. 나는 내 정보를 어느 수준까지 포기 혹은 판매하고 있을까? 물론 여러 법률에 따라 개인정보의 활용 범위가 규제되고 있는 것으로 알지만, 자세히는 모른다. 〈정이〉가 보여주는 미래에는 그런 규제조차 없는 것 같다.

〈더 문〉에서 샘은 달 기지에서 홀로 생활하며 업무를 담당하는 3년 장기 계약을 루나 인더스트리사와 맺었다. 휴가 한번 없는 가혹한 조건이지만, 스스로 가족과 떨어져 홀로 지내는 것을 선택한 것이다. 그만큼의 보상도 이루어지는 것으로 보인다. 샘이 가족과 주고받는 영상에서도 이는 가족을 위한 선택이고, 잠시만 떨어져 지내면, 얻는 것이 있다는 점을 강조하며 서로 위로한다. 통신 기계 고장으로 가족들과 실시간 통화를 하지 못한 지 꽤 됐지만 참는다. 스스로 동의하고 서명한 계약을 지키기 위해 버틴다.

공인된 권력의 폭력성

〈정이〉와 〈더 문〉에서 작동하는 권력은 매우 폭력적이다. 주인공에게 강제하거나 강요하지 않고, 선택의 기회를 주기는 하지만, 비인간적이고 비윤리적인 측면이 크기 때문이다. 병에 걸린 인간에게 치료 대신 본인의 뇌 정보를 A, B, C 등급 중 선택해 제공하라 요구한다. C 등급의 경우, 사실상 뇌 정보를 판매하라는 요구이다. 뇌 정보를 구매한 기업체는 원하는 상품은 무엇이든 제작해 판매할 수 있다. 크로노이드사는 내전이 종식될 기미가 보이자, '정이' 프로젝트를 바로 포기한다. 대신 정이의 뇌 정보와 외모, 인기를 활용해 성 관련 상품 개발에 나선다. 비인간적인 행태가 당연한 것처럼 받아들여지는 미래다.

인간과 로봇, 복제인간에 대한 관계를 고민하는 SF영화는 꽤 된다. 과연 인간을 인간으로 볼 수 있는 기준은 무엇인지, 비록 인간은 아니지만, 인간이 로봇에게 어디까지 관여할 수 있을지 등 여러 고민을 해왔다. 그런데 〈정이〉 속 미래는 이미 그 시기는 넘긴 것 같다. 매우 당연하고 천연덕스럽게 상황을 종결해버렸다. 그저 제품, 상품으로만 본다. 서현도 영화 초반까지는 그래 보인다.

아이러니하게도 〈정이〉에서 서현을 비롯한 연구원들은 정기적으로 '윤리 검사'를 받는다. 연구소장 상훈은 윤리 검사를 '인간과 AI를 구분하는 테스트'로 설명하기도 한다. 로봇이나 AI에 대해 인간적 연민을 느끼는 것을 경계하기 위한 검사로 보인다. 무자비하게 상품화되는 상황에 문제 제기하지 않는 인간을 원하는 것 같다. 〈정이〉 속 미래의 윤리는 그런 의미다. 명칭은 윤리 검사이지만, 현재의 기분에서 윤리적인 검사는 아니다. 인간에게 비인간적이고 비윤리적인 생각과 행동을 요구하고 있다.

인간뿐만 아니라 로봇에게도 매우 폭력적이다. 〈정이〉에서 누군가의 뇌 정보 이식을 통해 제작된 로봇은 스스로가 로봇이라는 것을 모른다. 35년 전 정이는 전투에서 다쳐 식물인간이 됐다. 마지막 전투 시뮬레이션 실험이 무한 반복되다 보니, 정이의 뇌 정보와 외모로 제작된 전투 로봇은 매번 최선을 다해 싸우다 다친다. 연구진에 의해 잠시 작동 중단됐다 다시 작동되면 큰 고통 속에 깨어나, "여기 어디야? 당신들 뭐야?"라 외쳐 댄다. 그렇게 실험에 이용되다, 폐기되는데, 정이의 죽음이 무한 반복되는 것처럼 보인다.

그걸 바라보는 서현은 의외로 담담하다. 외모와 뇌 모두 자신의 엄마 정이를 복제했지만, 자신의 엄마가 아니라고 생각하는 것 같다. 그동안 정기 윤리 검사도 통과해온 것을 보면, 외모나 뇌 정보와 상관없이 인간과 로봇을 구분해내는 것 같다. 서현 이외에 다른 연구진들도 마찬가지다. 잠시 움찔거릴 때도 있지만, 로봇 정이의 고통스러운 모습에 크게 동요하지 않는다.

사실 35년 전 식물인간이 된 정이는 여전히 병원에 입원 혹은 보관 중이다. 영화 중반 서현이 정이를 한번 만나는데, 나이 든 외모의 엄마 정

<정이>에서 AI 로봇 정이

이를 조용히 바라본다. 서현이 병원에서 만나는 나이 든 모습의 엄마와 연구실에서 만나는 나이 어린 모습의 엄마를 모두 엄마라 생각하긴 어려울 수 있겠다.

그러나 연구실에서 시뮬레이션 실험 후 잠시 꺼졌다가 고통 속에 깨어난 로봇 정이가 "우리 딸 수술은 잘 끝났나요?"라 묻는 순간, 서현이 동요한다. 유능한 용병으로서의 뇌 정보를 활용하던 중 튀어나온 엄마의 모습이었다.

이미 얼마 전, 성 상품으로 실험 중인 로봇 정이를 보고 당황했던 서현이었다. 수술 전에 인사를 나눈 것이 엄마와의 마지막이었는데, 그런 자신을 기억하는 로봇이 딸을 찾는다. 게다가 로봇은 스스로 자신이 로봇인 것을 모른다. 서현과 로봇 정이에게 모두 가혹한 상황이다. 그러나 둘 모두에겐 아무런 권한이 없다. 뇌 정보 제공 동의를 철회할 방법은 없는 것 같다. 소위 악마와의 거래와 비슷한 수준의 잔인한 거래로 보인다. 총 칼을 내세워 협박한 건 아니지만, 치료비, 교육비, 양육비 제공을 조건으로 무슨 일이 벌어지고 있는 것인가?

회장에 대한 지나친 충성심으로 서현을 불편하게 하는 연구소장 상훈도 AI 로봇이다. 영화 속 등장인물과 관객은 알지만, 본인만 그 사실을 모른다. 상훈은 크로노이드사 회장의 뇌 정보를 기반으로 제작한 로봇이다. 회장은 상훈을 만들며, 젊은 모습으로 영생하게 되어 기뻤지만, 아무래도 자신처럼 느껴지진 않았다고 이야기한다. 여전히 나이 든 자신의 원래 몸으로 살면서, 자신과 닮은 생각과 행동을 하는 상훈을 구경하듯 대한다. 서현은 영화 후반에, 자신이 로봇인 것을 알게 된 상훈에게 "너는 회장의 장난감이야!"라 말한다. AI 로봇은 인간의 편의를 위해 제작되어 다양한 방식으로 활용되지만, 정작 본인은 자신의 정체를 모른 채 이용당하는 것이다. 언제든 작동 중지, 폐기 될 수 있는 그런 존재다.

〈정이〉에서 연구소장 AI 로봇 상훈

〈더 문〉에서는 영화 중반엔 반전 상황이 등장한다. 사실 샘은 복제인간이었다. 오매불망 그리워하는 가족에 대한 기억 역시 모두 복제 이식된 기억이었고, 샘의 건강에 문제가 생긴 건 복제인간 수명이 다했기 때문이었다. 그가 지구로 돌아가기 위해 탑승 예정인 캡슐은 폐기용 캡슐이었고, 그동안 수많은 복제인간 샘이 달 기지에서 근무하다 폐기됐다. 모두 같은 얼굴, 같은 기억을 가진 복제인간이었다. 이번 샘 이후에 사용될 수많은 복제인간 샘이 기지 한편에 보관 중이었다. 샘은 본인의 의지대로 동의하고 계약한 후, 가족을 위해 장기 근무 중이라 여겼지만 모든 것이 사기고 기만이었다.

희망은 있을까?

〈더 문〉에서 자신이 복제인간이고 곧 수명이 얼마 남지 않았다는 것을 알게 된 샘은 그래도 가족에게 돌아가기로 결심한다. 또 다른 복제인간 샘, 로봇 거티와 협력해 지구로 돌아가는 데 성공한다. 영화 마지막에 들려오는 뉴스에 따르면, 돌아간 샘이 모든 사실을 폭로한 것으로 보인다. 인간 샘은 본인의 복제인간이 제작된 것도 몰랐다고 하는데, 문제 해결, 피해 보상을 위한 논의가 시작되는 것 같다.

〈정이〉에서도 서현과 로봇 정이가 협력한다. 서현은 정이를 탈출시키기 직전, 정이의 뇌 정보에서 딸에 대한 기억은 거의 지우지만, 생존에 필요한 기억과 능력은 남겨둔다. 탈출 과정에서 다친 서현은 자신을 응급처치하려는 정이에게 "제발, 제발 그냥 가요. 자신만 생각하고 살아요. 자유롭게 살아요."라 소리친다. 그리고 떠나는 정이를 바라보며, "이 세상 모든 행운이 함께 하기를"이라 속삭인다.

두 영화 모두 권력과는 거리가 먼 인간과 복제인간, 로봇이 협력해 권력의 폭력성에 이의를 제기한다. 샘은 목숨을 걸고 지구로 돌아가 적극적으로 나선다. 서현은 무력해 보이던 태도를 조금씩 바꾼다. 소리도 지르고, 화도 내고, 행동도 한다. 로봇 정이와 탈출도 감행한다. 결론을 보여주진 않지만, 희망이 느껴지는 순간이라 하겠다.

〈정이〉의 마지막 장면에서 로봇 정이는 드넓게 펼쳐진 산꼭대기에서 주변을 내려다본다. 이 영화에서는 서현이 이동하는 장면에서 자연 풍경을 꽤 아름답게 보여주는데, 높아진 해수면으로 사방이 물이고, 육중한 건물들과 거대한 쓰레기 더미도 널렸지만, 그 사이로 보이는 뜨고 지는 태양과 먼 산은 여전히 아름답다. 로봇과 자연이 어우러지는 마지막 장면은 꽤 의미심장한 질문을 던진다. 그들이 누구 혹은 무엇이든 간에, 이 세상에 함께 할 수는 없을까? 그들을 누가 억압하는가?

〈정이〉와 〈더문〉에서 주인공들은 동의와 계약을 통해 스스로 선택한 것처럼 권력관계 속에 편입됐다. 그리고 무지막지한 권력의 폭력에 갇혔다. 그러다 벗어나기 위한 몸부림을 함께 시작했다. 서현과 정이, 샘이 무사하길 바라면서, 그들이 사는 미래 세상에서 권력의 폭력성이 개선되길 바란다. 과연 희망은 있을까?

〈정말 먼 곳〉: 권력으로 강요된 정상성과 강제된 젠더성에 대한 도전

윤필립

영화평론가, 응용언어학자. 대학에서 연구하고 강의하며 글을 쓰고 있다. 시나리오 작가협회 영상작가교육원을 수료했고, 무궁화 스토리텔링 공모전, 서울국제사랑영화제, 동아일보 신춘문예 등에서 동화와 영화평론으로 수상했다. 만화평론상, 대종상, 서울국제프라이드영화제의 심사위원, 영평상 집행부, 한국문법교육학회 기획이사 등을 역임했으며, 미국 에모리대 대학원 펠로우십, 대만 국립정치대 및 싱가포르 난양공대 교수로 지내다 현재 세종사이버대 교수이자 한국어교육원장으로 재직 중이다. 한겨레 신문「한국영화사 100년, 100작품」집필에 참여했고, 《르몽드 디플로마티크》의「시네마 크리티크」필진으로 있으면서『영화와 가족』,『한국게이영화사』,『전우치전』(이상 공저) 등을 썼다.

한국 영화 속에 재현된 상징적 엘리트 집단과 권력형 부패

성공은 모험을 이끈다. 한국 영화계에서는 이 말이 적어도 2000년대 초반 대기업의 거대 자본을 바탕으로 영화 산업이 다시 한번 르네상스 시대를 열었을 때만 해도 유효했다. 일반적으로 산업적 측면에서 자본은 규모를 키우는 동력이기 때문이다. 이 시기의 한국 영화도 마찬가지로, 콘텐츠의 측면에서 개별 작품은 볼거리에 기반하여 몸집을 불렸고, 대형 사이즈에 얹힌 다채로운 이야기는 관객들을 극장으로 유인하기에 충분했다. 뿐만 아니라 미주와 동남아를 중심으로 국내 영화 배급망이 해외로까지 확장되었고, 코로나 감염병 사태 직후부터는 넷플릭스로 대표되는 인터넷 콘

〈정말 먼 곳〉 목장에서 병들어 죽은 양을 발견한 설이와 진우

텐츠 서비스(OTT)를 통해 한국 영화는 해외 관객들에게도 매력적인 콘텐츠로 자리를 잡았다. 그런데 이렇게 한국 영화의 발전을 이끈 대형 자본이라는 것은 그 태생적 특성상 늘 권력과 맞물려 흐를 수밖에 없기에 개별 작품 또한 그 권력의 통제에서 벗어나기가 어렵다. 그것이 정치권력이든 특정 명예가 주어진 상징적 엘리트 집단이든 말이다.

그 권력의 성격이 무엇이든 하늘을 우러러 한 점 부끄러움이 없다면 대중들이 즐기는 문화콘텐츠로서의 영화를 굳이 통제하려 들지는 않을 것이나 권력이 있는 곳에는 늘 부패가 있게 마련이다. 권력에는 권위가 부여되고, 권위는 뭇사람들의 지지를 형성하기에 권력 자체가 지닌 거부할 수 없는 달콤함이 있기 때문이다. 이러한 권력의 부패 중 정치권력이 부패의 주체가 되는 것을 권력형 부패라 칭한다. 정치인이 주축이 된다는 점에서 정치 부패라고도 불리는 이 권력형 부패는 겉으로 잘 드러나지 않는 암묵적 성격을 지닌다. 그래서 중요한 정책적 결정 과정에 교묘히 영향력을 발휘하는데, 이를테면 정부가 선거 직전후에 국민의 지지를 얻기 위해 인위적으로 만들어 내는 경기 움직임 즉, 정치적 경기 순환 사이클(political business cycle)도 큰 틀에서는 권력형 부패의 산물일 수 있다.

이렇게 권력형 부패를 자행하는 집단에는 단순히 정치인들만 존재하는 것은 아니다. 네덜란드의 담화분석 연구자 반 다이크에 따르면, 기자, 학자, 관료 등 한 사회에서 비물질적인 명성, 사회적 지위, 인기 등과 같은 상징적 자본을 획득하거나 그것이 공적으로 부여된 사람이라면 누구나 권력형 부패의 주체가 될 수 있다. 그리고 그렇게 상징적 자본을 등에 업고 권력을 획득한 집단을 상징적 엘리트(symbolic elite)라 부르는데, 실제로 비판적 담화분석(critical discourse analysis, CDA) 분야에서는 이 상징적 엘리트 집단이 기득권을 획득하고 유지하기 위해 어떠한 방식으로 언어를 통제하는지에 집중하기도 한다.

이러한 상징적 엘리트 집단의 권력형 부패와 그것으로 야기되는 불평등과 부조리 그리고 그것을 마주하는 대중들의 울분과 염세주의를 한국 영화에서는 주로 현실에서 고통받는 약자나 영웅화된 한 소시민의 승리 혹은 암울하지 않은 미래를 암시하는 담담한 결말로 해결해 왔다. 관객들은 영화 속 승리의 주인공들이나 그저 부정적이지만은 않은 결말을 통해 대리만족을 얻을 수는 있겠으나 이러한 권선징악형 혹은 열린 결말형의 서사는 영화가 시작되는 시점부터 이미 그 끝을 예상할 수 있기에 영악한 관객들에게는 외면받기 십상이다.

그래서 2000년대 이후 한국 영화에서는 권선징악형 서사의 한계를 극복하고자 하는 과감한 시도가 나타나는데, 대표적인 작품으로 장준환 감독의 SF 블랙코미디 〈지구를 지켜라〉(장준환, 2003)를 꼽을 수 있다. 이 영화는 마치 '병든 지구'의 모습처럼 병약한 병구라는 인물과 과거 한국 정·재계 권력자들의 형상을 조합한 듯 우스꽝스러운 모습의 외계인을 통해 망상을 현실로, 바꿔 말해 판타지를 리얼리티로 전복하며 꼬집는다. 이는 결과적으로 평범한 소시민과 상징적 엘리트 간의 갈등이라는 진부한 서사

〈지구를 지켜라〉 국내 포스터

에 이전에 본 적 없는 기괴함을 끌어들여 오히려 그것을 '낯설게 하기'에 이른다. 이러한 〈지구를 지켜라〉의 영화적 세계관은 인간성을 둘러싼 현실의 잔혹함을 더욱 극명하게 드러냈고, 결국 그동안 상상력을 유보당했던 충무로식 장르영화에서 새로운 성취를 일궈낸다.

그런데 상징적 엘리트 집단에 맞서는 주인공들의 권선징악형 서사는 본격 코미디 장르에서 더 큰 힘을 발휘한다. 그러한 작품 중 최근작 〈킬링 로맨스〉(이원석, 2023)에서는 배우들의 과장된 연기와 등장인물들의 내면세계를 키치적으로 표현한 미장센 등의 B급 코드로, 그 어떤 맥락 없이 전개되는 '병맛' 현실을 구체화하는 데 성공한다. 〈킬링 로맨스〉에 반영된 이원석만의 작가적 상상력에는 어설픈 현실 재현의 강박 따위는 없다. 마치 영화 속 타조처럼 하늘로 날려버린 듯이. 그래서 잔뜩 힘만 준

〈킬링 로맨스〉 국내 포스터

채 기존의 장르적 법칙만 답습하는 여느 상업 영화들보다 오히려 더 담백하고 통쾌하다. 거기다 노포 이발소에나 걸려 있을 법한 국적 불문의 풍경화 같은 통속적 화면구성은 구전설화나 전래동화처럼 비현실적인 〈킬링 로맨스〉만의 세계관을 더욱 견고히 한다. 그리고 결정적으로, 세계적인 미인대회와 미국배우조합이 인정한 이하늬와 이선균이라는 'A급 톱스타'에게 덧씌운 'B급 병맛 코드'는 그 자체가 이 작품의 장르성을 대변한다. 〈킬링 로맨스〉만의 이러한 독특한 영화적 표현 방식과 넘치는 장르성 덕분에 그 속에서 담긴 비주류 집단의 승리와 그것이 주는 쾌감은 더욱 극대화된다.

이와 달리 열린 결말형의 서사로 특정 집단의 권력화와 그 폭력성을 보여주는 작업은 주로 〈드림 팰리스〉(가성문, 2023)와 같은 드라마 장르에서 이뤄지는 경향이 있는데, 근래에는 젠더 문제가 공론화되면서 크게 남녀로 대별되는 성차별뿐만 아니라 성소수자와 이주민, 장애인, 난민 등 강제적으로 기득권을 박탈당한 사회적 소수자들에게 집중하며 다양한 차별을 이야기하는 작품이 늘고 있다. 이러한 가운데, 이 글에서 다루게 될 작품 〈정말 먼 곳〉(박근영, 2020)은 한국의 퀴어 남성 즉, 성소수자라는 이유만으로 가해지는 사회적 차별과 그 폭력성에 관한 이야기이다.

주류 사회에 은밀히 형성된 권력관계와
그로부터 파생된 차별주의의 폭력성

언젠가 문득 그런 생각이 든 적 있다. 인간의 수명을 100년으로 볼 때 한 반백 년은 살면 어른이 돼 있을까? 어느덧 그 나이가 되었지만 나는 아직도 하고 싶은 것도 많고 여전히 되고 싶은 것도 많은 그런 사람이다. 마치 꿈 많은 어린아이처럼. 무엇보다 매년 아니 매일, 매 순간이 새롭고, 그래서 가끔은 이 나이가 되도록 아직 어떻게 해야 할지 도무지 알 수 없는 때가 많다는 사실에 마음이 참 겸허해진다. 시간이 지나면 어른이 될까 생각한 건 정말 어리숙한 착각이자 오만이었던 것이다. '어른 같은 나이'임에도 배와 함께 가라앉은 어린 꿈들을 위해 해 줄 수 있는 게 아무것도 없음을 처절하게 느꼈던 세월호 참사. 노란색 리본 앞에서 나는 매번 더욱 작아지고 한없이 겸손해질 수밖에 없었다. 그리고 도심 한복판에서 벌어진 이태원 참사. 그저 중심가를 걸으며 축제를 즐기고 싶었을 뿐인 젊은 꿈들을 다시 한번 허망하게 떠나보냈다. 늘 그렇듯 국가적 재난의 시기에는 그 황망한 틈을 타고 혐오성 발언들이 오간다. 그리고 때로 그것은 재난과 관련된 권력을 비호하는 카르텔을 형성하여 권력의 남용을 정당화하며 짐승만도 못한 인간의 악함을 날것 그대로 드러내기도 한다.

　영화 〈정말 먼 곳〉은 바로 이 치가 떨리도록 사악한 인간의 혐오가 은밀히 권력화되는 과정과 그것으로 나타나는 섣부른 차별주의가 어떤 방식으로 한 인간을 은밀히 사소화시키며 그의 삶 자체를 무너뜨리는지 담담히 드러낸다. 그 서막은 한 남자가 자기혐오로 스스로를 격리한 정말 먼 곳, 바로 어느 산골 목장에서 열린다.

안식처를 찾아 산골 마을로 들어온 진우(강길우)는 한 목장에서 양 떼를 돌보며 특별한 것 없지만 소중한 일상을 묵묵히 살아간다. 그러던 중 진우의 연인인 현민(홍경)이 찾아오고, 얼마 후에는 그동안 연락 한번 없었던 진우의 쌍둥이 여동생 은영(이상희) 나타난다. 이렇게 예상치 못한 이들의 등장으로 평화롭기만 했던 진우의 일상은 조금씩 흔들리기 시작하고, 결국 마을 어르신의 장례식장에서 결정적인 사건이 터진다. 은영과 진우의 사소한 말다툼에서 비롯된 단 한 마디의 실언은 그동안 진우가 마을 사람들과 쌓아 온 유대관계에 균열을 일으키고, 진우는 점차 설 자리를 잃게 되자 아무도 모르는 정말 먼 곳으로 다시 도망치려 한다.

〈정말 먼 곳〉의 전체적인 플롯은 겉보기에 사회적 편견이라는 난관 앞에 선 한 퀴어 남성의 평범한 이야기처럼 보이기도 한다. 그러나 좀 더 다가가면 이성애자 남성 중심의 사회문화에서 암묵적으로 용인되는 권력의 횡포와 남용이 어떠한 차별을 낳는지 그리고 그것이 한 평범한 인간의 생애를 어떻게 주변화하고 사소한 것으로 평가 절하시키는지가 여실히 드러난다. 여기서 더 나아가 〈정말 먼 곳〉은 진우라는 퀴어 남성과 그 주변 인물들 간의 관계를 통해 젠더와 섹슈얼리티에 대한 전통적 정의의 한계를 지적하는 동시에 과연 우리 시대의 정상성이란 무엇인가 하는 의문을 던진다.

가부장제의 틀 안에 갇혀 눈물 마를 날이 없었던 한국 영화 속 여성들은 남성 중심의 한국 사회 체계에 끊임없이 도전하며 시대의 변화와 함께 마침내 과거의 그 습한 클리셰를 벗어던지는데 불완전하게나마 성공한다. 그 변화를 주도한 것은 당연히 성역할에 대한 한국 사회의 인식 전환이지만 그렇다고 그러한 전환이 완벽히 이루어졌다고 볼 수는 없다. 여

〈정말 먼 곳〉 함께여서 행복한 진우와 현민

전히 모성은 생물학적 여성의 역할로, 부성은 생물학적 남성의 역할로 구분하는 것이 당연시되고 있기 때문인데, 그 근저에는 모든 섹슈얼리티의 잠재적 퀴어성을 부정하는 이성애 가족의 신성함에 대한 환상이 자리 잡고 있다.

이와 같은 이성애 중심 문화에서 가족의 신성함은 결국 생물학적 여성의 모성과 생물학적 남성의 부성을 전제하게 되는데, 이는 바꿔 말해 그 외의 모든 젠더와 섹슈얼리티는 가족의 신성한 가치를 위협하는 요소로 간주될 수밖에 없음을 의미한다.

그런데 〈정말 먼 곳〉은 진우와 설이의 관계를 통해 이러한 이성애적 정상성에 도전하며 그 전복을 시도한다. 엄마가 누구인지 모르는 설이는 진우를 아빠가 아니라 엄마라 부르지만, 진우를 비롯하여 목장 식구들 그 누구도 그것을 크게 문제시하지 않는다. 심지어 진우 자신도 두 살 때 엄마가 병으로 입원하여 아빠를 엄마라 불렀다고 대수롭지 않게 이야기하기도 한다. 이쯤 되면 이 영화를 보지 않은 관객들은 진우의 남성성을 의

심할 수도 있겠다. 말하자면 이성애 중심의 문화에서 퀴어 남성에 대해 떠올리는 정형화된 이미지 즉, 여성적인 남성 캐릭터로 생각할 수도 있다는 것이다. 그러나 영화 속에서 그려지는 진우의 모습은 그러한 고정관념에서 멀리 벗어나 있다. 양털 깎기와 삽질, 망치질 등 농장의 궂은일에 능한 과묵한 진우의 모습에는 이성애 중심적 문화에서 싹튼 퀴어 남성에 대한 표식이 그 어디에도 투영되어 있지 않기 때문이다. 이는 이성애자 남성 중심의 한국 사회에서 익숙하게 소비해 오던 퀴어 남성의 전형적 이미지가 전복되는 지점이기도 하다.

　진우의 이러한 철저히 남성적인 이미지와 사적인 성적 지향성은 얼핏 설이의 엄마로서는 부적절해 보일 수 있다. 그러나 갓난쟁이 설이를 버리고 떠났다가 느닷없이 나타나 엄마가 되고자 하는 생모 은영의 등장은 다시 한번 관객들을 혼란에 빠뜨린다. 설이와 모녀 관계로 유지될 수 있었던 가족 관계를 끊으며 가족의 신성한 가치를 무너뜨린 장본인이 바로 생모 은영이었기 때문이다. 영화 속에서 일어나는 이러한 일련의 사건들은 가족의 신성한 가치란 단순히 부부의 성역할이 구분되는 이성애 가족 안에서만 유효한 것이 아니며, 모성과 부성이란 것도 그저 생물학적 여성성과 남성성으로만 획득되는 것이 아님을 드러낸다. 결과적으로, 이를 통해 영화 〈정말 먼 곳〉은 이성애적 정상성이란 것이 결국은 집단적 판타지에 지나지 않은 것일 수 있음을 설파하며 전통적인 젠더와 섹슈얼리티의 정의에 대한 한계를 지적한다.

　또한, 극 중 진우와 가깝게 지내던 마을 사람들은 진우가 게이임을 알게 된 직후 일제히 그를 외면하거나 그에게 노골적인 경멸의 눈빛을 보내는데, 이는 이성애자 중심의 사회 속에서 동성애가 일탈적이고 도착적인 성적 행위로 불법화되는 순간을 포착한 장면이다. 동성애자로서의 진우에 대한 마을 사람들의 혐오는 목장 주변에 퍼진 구제역처럼 조용히 마을 전체로 퍼지고, 그렇게 퍼진 비이성애자에 대한 혐오감은 눈에 보이지 않는 전염병처럼 진우의 숨통을 조여 온다. 마을 전체에 퍼진 혐오감은 지금까지 중만의 목장에서 주어진 일을 묵묵히 해오던 진우의 성실함 따위는 고려하지 않은 채 진우를 친밀한 구성원에서 낯선 이방인으로 주변화하고 그의 존재 자체를 사소화하기에 이른다.

단지 묵묵히 일상을 살아갈 수 있는 안식처만을 바랐던 진우의 작은 소망은 그렇게 이성애 주의에 철저히 외면당한 채 다시 한번 자기혐오라는 깊은 상처만 남기고 순식간에 부서지고 만다. 이렇게 〈정말 먼 곳〉은 진우라는 퀴어 남성이 직면하는 삶의 국면을 통해 이성애자 중심의 한국 사회가 가하는 비이성애 혐오와 차별이 권력화되어 가는 과정과 그것이 개별 퀴어 남성들에게 어떠한 방식으로 내면화되고, 어떻게 자기혐오로 이어지는지를 풍부한 은유와 절제된 감성으로 담담하게 풀어낸다.

모든 형태의 폭력적 권력에 당당히 맞서는 뉴 퀴어시네마를 기다리며

미국 영화계에서 퀴어 영화가 쏟아져 나온 1990년대 초, 이들 퀴어 영화 가운데는 〈아이다호〉(구스 반 산트, 1991), 〈포이즌〉(토드 헤인즈, 1991) 처럼 주류 시장으로 넘어와 크나큰 울림과 여운을 남긴 일군의 작품들이 있는데, 미국 평단에서는 그러한 작품들을 뉴 퀴어시네마라 명명한 바 있다. 한국에서도 2000년대 이후 커밍아웃을 한 감독들을 중심으로 다양한 퀴어 영화가 제작됐고, 한국 관객들은 그러한 작품들을 통해 그 속에 재현된 한국 퀴어 남성의 이미지를 접해 왔다. 그러한 이미지에는 〈아담이 눈뜰 때〉(김호선, 1993) 속 오디오 가게 주인(박인환)처럼 성적 욕망에 사로잡혀 있는 남성, 〈서양골동양과점 앤티크〉(민규동, 2008) 속 '선우'(김재욱)처럼 마성의 매력을 뽐으며 주변 인물들과 동성사회적 유대(homosocial bonding)를 형성하는 남성 등이 있다. 비교적 최근에는 〈꿈의 제인〉(조현훈, 2017)의 제인(구교환)처럼 여성성을 극대화한 드래그(drag)에서부터 〈환절기〉(이동은, 2018) 속 가슴 아픈 꽃미남 로맨스 등 한국 퀴어를 둘러싼 이미지는 더욱 과감히 확대되고 있다.

당연히 이러한 이미지들이 한국 퀴어 남성들을 대표한다고 보기에는 그 한계가 명백하다. 그러나 분명한 사실은 TV 만화 시리즈 〈2020 우주의 원더키디〉(김대중, 1989)가 최첨단의 세계관으로 쌓아 올렸던 '2020년대'를 실제로 살아가는 지금도 한국 영화 속에 재현되는 퀴어 남성들은 대부분 지난 시대와 동일하게 여전히 일상을 함께 하는 보편적 공동체에 섞이지 못한 채 한국 사회에서 부유하고 있다는 것이다.

이렇게 부초처럼 떠도는 한국 퀴어 남성의 이미지는 〈정말 먼 곳〉에서도 반복되어 재현된다. 그러나 이 작품 속에서는 퀴어 남성들이 주요 인물로 등장할 뿐 이른바 게이 감수성(gay sensibility)으로 개념화된 요소들이 도드라지지는 않는다. 단지 각자가 한 개인으로서 살아내야 하는 일상이 있고 누구에게나 주어지는 생과 사 혹은 탄생과 죽음이라는 삶의 순환이 존재할 뿐이다. 이것은 지금까지 한국의 퀴어 영화로 대표성을 지녔던 이전의 작품들과 명백히 구분되는 지점이다. 본격적인 한국 퀴어 영화에서는 대부분 퀴어 남성의 사랑과 욕망 그리고 삶을 철저히 퀴어답게 표현하기 위해 공을 들인다. 그래서 의도했든 하지 않았든 퀴어 남성 집단이 이른바 게이 감수성이라는 강박 속에 갇힌 채 오히려 더욱 특수화되는 경향이 있었다.

이와 달리 〈정말 먼 곳〉에서 성적 지향성을 이유로 마을 공동체에서 배척당하는 한 퀴어 남성의 모습은 단지 특정 동질 집단의 문제로만 특수화되거나 주변화되는 것이 아니라 그저 조금 다르거나 독특하다는 이유로 주류 사회에서 외면당하는 모든 소수자의 문제로 오히려 보편화된다. 이는 이성애자 남성 중심의 단일민족 환상에 빠진 한국 영화계에서 비이성애자 남성이 유표적(有標的) 게이 감수성을 넘어 우리 시대에 지녀야 할 보편적 가치를 전달하는 조용하고도 묵직한 파란을 일으키는 순간이다. 동시에 한국형 뉴 퀴어시네마의 가능성을 타진하는 결정적 순간이기도 하다.

1990년대 초 미국에서 등장한 뉴 퀴어시네마는 이전보다 더 강력해진 자신감과 과감한 자기표현 그리고 거침없는 저항의 표현으로 주류 사회에 도전했고, 그것은 LGBTQ 커뮤니티에도 당당한 자부심을 안겼다. 근자에 한국 주류 문화계에 등장하여 젠더의 경계를 허문 드랙 아티스트들이 떠오르는 지점이다. 그러나 영화 〈정말 먼 곳〉에는 퀴어 감수성을 개념화할 때 필요한 퀴어로서의 자신감과 자기표현 그리고 저항의 요소들을 쉽게 찾아볼 수 없다. 이는 퀴어 남성이 주인공으로 등장하는 영화를 주류 시장에 안착시키는 무난한 전략일 수는 있겠지만 그만큼 퀴어성이 결핍되어 있다는 지적은 피할 수 없을 것으로 본다.

물론 그러한 결핍은 퀴어 남성의 삶을 특수화하지 않고 삶의 굴레에 놓인 이 땅의 모든 보편적인 인생을 은유하기 위해 치밀하게 계산된 책략

일 수도 있다. 그리고 그것만으로도 〈정말 먼 곳〉은 주류 시스템에서 강제된 정상성에 도전하고 그것을 전복시키기에 충분했다. 그러나 주지할 것은, 퀴어는 문자 그대로 비정상적으로 이상한 것을 의미하며, 그것을 정상화하려는 그 어떤 시도도 거부한다는 점에서 더 전복적이라는 것이다.

〈정말 먼 곳〉 국내 포스터

그러한 점에서 〈정말 먼 곳〉의 불완전한 퀴어성은 이성애자 집단과 동성애자 집단 모두에게 불편을 끼칠 수도 있다. 이성애자 집단에게는 모든 비이성애적 행위가 불온하고 불법적인 것으로 간주될 것이며, LGBTQ 집단에게는 이 영화가 충분히 퀴어답지 못해 이성애자의 시각으로 성소수자의 삶을 재현한 사실주의 영화에 불과해 보일 수 있기 때문이다. 이렇게 〈정말 먼 곳〉은 한국 성소수자 남성에 대한 이성적 탐구는 돋보이나 가슴으로 이해하는 데에는 여전한 한계를 드러내고 있다. 앞으로 한국 영화계에서도 이러한 한계를 온전히 퀴어성에 기반한 성소수자 감수성으로 극복하면서 주류 시장에 도전을 주는 진정한 의미의 한국형 뉴 퀴어시네마가 등장하기를 기대한다.

글을 마무리하며, 최근 한국 사회에서 발견되는 문제점 중 하나는 운명 공동체로서의 성숙함과 어른으로서의 원숙함이 제대로 발현되지 못하고 있다는 것이다. 그래서 전 국민이 목도한 비극적인 사건을 두고도 애도나 위로보다는 혐오와 차별을 날것 그대로 드러내는 경우가 많아지는 것 같기도 하다. 이러한 점에서 〈정말 먼 곳〉의 진우가 그렇게 원했던 혐오 없는 세상은 모두가 머리로 이해하며 바라는 곳이지만 마음으로 가기에는 여전히 정말 먼 곳임을 명백히 느낀다. 이란 여성들이 '여성, 생명, 자유'를 외치고 있고, 세계가 그들과 연대하듯 한국에서만큼은 '안전, 생명, 행복'에 대한 공동체적 연대가 필요할 것 같다. 국내 여러 참사로 슬픔을 겪고 있을 이들에게 진심으로 애도와 위로를 전하며, 공동체의 일원으로서 마음으로 늘 함께하며 정말 가까이 있겠다.

〈레벤느망〉
: 여성의 재생산권과 국가와 문화 권력

정문영

영화평론가. 계명대 영어영문학과 교수로 재직했으며, 현대영미드라마학회장을 역임했다. 한국영화평론가협회와 국제영화비평가연맹 회원으로,《르몽드 디플로마티크》에서「정문영의 시네마크리티크」를 연재 중이다.

사건으로서 〈레벤느망〉
: "사건이 글쓰기가 되고 글쓰기가 사건이 되는 것"

〈레벤느망〉(오드리 디완, 2021)은 2022년 노벨문학상을 수상한 아니 에르노의 『사건』(2000)을 원작으로 한 각색 영화이다. 디완 감독의 두 번째 장편 영화로 심사위원장 봉준호 감독을 비롯하여 모든 심사위원의 만장일치로 2021년 베니스국제영화제 황금사자상 수상작으로 선정된 이 영화는 그 자체가 하나의 '사건'이다. 물론 제인 캠피온, 파올로 소렌티노, 페드로 알모도바르 등 세계적인 거장 감독들의 작품들을 제치고 이 영화가 최고 영예의 상을 받은 것은 놀라운 사건이다. 그러나 여기서 이 영화가 하나의 '사건'이라고 할 때, 그것은 들뢰즈가 말하는 '사건', 원작 『사건』에

〈레벤느망〉 포스터

대한 새로운 글쓰기로서의 '사건'을 뜻한다.

1963년 에르노에게 닥친 임신과 낙태 경험은 그녀의 존재 세계에서 발생한 감당하기 힘든 사건이자, 그 세계의 기호 체계 바깥의 그 무엇을 요청하는, 즉 의미의 생성을 위한 글쓰기를 요구하는 사건이다. 이에 1963년에 일어난 사건은 35년 지나서 1999년 2월부터 10월까지 에르노의 글쓰기로 의미를 생성한 '사건', 원작 소설 『사건』으로, 그리고 20여 년이 지나 2021년 디완이 각색한 영화 〈레벤느망〉이라는 또 다른 새로운 '사건'으로 등장하게 된 것이다.

디완의 각색 영화로서 이 영화를 '사건'이라고 할 때, 그것은 에르노가 체험한 사건을 언어라는 기호로 의미를 생성한 '사건'인 그녀의 글쓰기 속에 존속하고 있지만 아직 현실화하지 않은 '잠재적 사건', 즉 '순수 사건'을 영화라는 다른 매체로 새로운 의미를 생성한 것을 의미한다. 따라서 '사건'으로서 이 영화를 본다는 것은 디완이 원작을 각색하면서 생성하고자 한 의미를 읽어내는 것에 그치지 않는다. 현재의 관객에게 1960년대 한 여성의 재생산권을 둘러싼 국가정책과 문화 권력의 억압과 저항을 다시 보도록 유도하는 '사건'으로서 이 영화가 이룬 가장 중요한 성과는 시대와 문화를 가로질러 같은 경험을 또는 생각을 하는 여성들을 연결하는 유대감을 형성하는 정치적 실천에서 찾을 수 있다.

에르노의 과거 사건에 대한 다시 돌아보기로서의 하나의 '사건'인 원작 소설, 그리고 그 보기에 대한 다시 보기로서 이 영화를 또 하나의 '사건'으로 본다는 것은 탈현실화된 현재, 즉 일상을 벗어난 현실의 첨점과 연결된 1960년대, 2000년대, 2020년대의 과거의 사건들의 공존성과 동시성 속에서 새로운 의미를 생성하는 '사건'을 경험한다는 것을 뜻한다. 다시 말해, '사건'으로서 이 영화는 오늘날 우리가 직면하고 있는 여성의 재생산권에 대한 국가와 문화 권력의 부조리성과 폭력성에서 벗어나 새로운 현실과 미래로 나아갈 수 있는 새로운 의미 생성을 우리에게 요구하고 있다는 것이다.

에르노의 불법 낙태 경험은 영화 속 주인공 안(아나마리아 바르톨로메이)이 교수(피오 마르마이)에게 그녀의 바뀐 장래 희망을 말하듯이, 작가가 될 결심을 하게 만든 중요한 계기가 된다. 그러나 그 경험을 글로 쓰는 일은 결코 쉽지가 않았다. 1975년 프랑스에서 임신 중단이 합법화되고 나서도 오랜 시간이 지나고 20세기가 끝나가는 시점에 이르러서야 그녀는 그 사건에 대한 글쓰기로 『사건』을 출판함으로써 유예되었던 숙제를 마침내 할 수 있었다. 이 소설의 말미에 에르노는 자신의 "삶의 진정한 목표"가 있다면 그것은 자신의 "육체와 감각 그리고 사고가 글쓰기가 되는 것"이며, 이는 자신의 "존재가 완벽하게 타인의 생각과 삶에 용해되어 이해할 수 있는 보편적인 무엇인가가 되는 것"(『사건』)이라고 단언한다. 따라서 에르노의 글쓰기가 추구하는 것은 바로 타자와의 동등한 관계 맺기, 그녀의 소수-되기, 여성-되기의 실천이자, 타인들을 되기의 블록으로 유도하여 연대감을 형성하고자 하는 정치적 실천이라고 말할 수 있다.

『사건』을 쓰기 전 에르노는 1988년 러시아 외교관인 연하의 유부남과의 불륜 사건을 다룬 『단순한 열정』(1991)에서 주인공이 낙태 수술을 받았던 곳을 방문한 에피소드로 그녀의 불법 낙태 경험을 언급했던 적이 있다. 20년 전 그 사건의 장소를 찾아가는 일을 어느 날 해냈다는 것은 "완전히 버려진 것을 되살려낸 일"(『단순한 열정』)이며, 그것에 대하여 쓴다는 것은 같은 경험을 한 여자들과의 연대 의식을 확인하기 위한 것이라고 그녀는 이미 밝힌 바 있다. 혼자서 감당해야 했던 소외와 시련의 체험을 다시 직면해야 하는 과거의 장소로의 방문과 이에 대한 글쓰기를 본격적으로 하는 『사건』은 탈현실화한 "현재의 첨점"과 연결된 과거의 심연 속에 존속하고 있는 '순수 사건'을 찾는 용기 있는 모험이다. 또한 다른 사람들과의 유대감을 형성하여 같은 모험으로 유도하는 정치적 행위이다. 이러한 '사건'의 관점에서 이 영화는 원작 소설에 대한 '충실한' 각색 영화로 평가될 수 있다.

1960년대와 2020년대
여성의 재생산권을 둘러싼 국가와 문화 권력

자전적 글쓰기로 오토픽션(autofiction)이라는 모호한 장르로 분류되는 에르노의 두 소설을 원작으로 한 영화, 〈단순한 열정〉(다니엘 아르비드, 2020)과 〈레벤느망〉의 잇따른 국내 개봉 또한 우연만은 아닌 의미의 생성을 요구하는 하나의 '사건'이다. 〈레벤느망〉은 왓챠를 통해 2022년 3월에 개봉되었고, 2020년 부산국제영화제에서 소개되었던 〈단순한 열정〉은 최

〈더 제인스〉 포스터   〈콜 제인〉 포스터

근 2023년 2월에 일반 개봉되었다. 불륜 사건에 관심을 집중한 다니엘 아르비드의 〈단순한 열정〉은 원작의 낙태 장소 방문 에피소드를 다루지 않았지만, 에르노의 불법 낙태 체험과 무관하지 않은 원작들을 각색한 두 영화의 연이은 제작과 개봉은 현재의 시점에서 1960년대 사건에 대한 새로운 의미 생성의 필요를 반증하는 하나의 '사건'이다.

〈레벤느망〉 뿐 아니라, 1960년대 시카고에서 12,000명의 임신한 여성들의 불법 낙태 시술을 도운 미국 여자들, '더 제인스'의 집단적 공조를 다룬 영화들도 2022년에 연달아 제작되었다. 다큐멘터리 영화 〈더 제인스〉(티아 레신, 엠마 필데스, 2022), 그리고 드라마 영화 〈콜 제인〉(필리스 나지, 2022)이 선댄스 영화제에 공개되었고, 각각 2022년 서울국제여성영화제 개막작과 베를린영화제 황금곰상 경쟁 후보작으로 선정되기도 했다. 〈콜 제인〉은 최근 3월에 한국에서 개봉되었다.

〈레벤느망〉, 〈더 제인스〉, 〈콜 제인〉과 같은 1960년대 프랑스와 미국 여성의 임신한 몸에 대한 공권력의 통제와 불법 낙태 실화에 대한 다시 보기를 시도한 영화들이 최근 연달아 개봉된 것 또한 하나의 '사건'이다. 1973년 낙태권을 헌법상 권리로 인정한 미국의 '로 대 웨이드'(Roe v. Wade) 판결, 1975년 낙태죄를 처벌하지 않는 법인 프랑스의 임신중절법(Loi Veil, 베일법 또는 베이유법) 통과로 미국과 프랑스에서 여성의 성적 결정권을 국가가 간섭할 수 없음을 인정하는 낙태의 합법화가 실현된 것은 1960년대 불법을 감행한 용기 있는 여성들의 연대와 공조가 이룬 성과라고 해도 결코 과언이 아니다. 21세기 우리의 현실은 바로 이러한 성과에 대한 다시 보기의 필요성을 강력하게 요구하고 있다. 세 영화의 연이은 개봉은 바로 이러한 시대적 요구가 만들어 낸 '사건'인 것이다.

21세기에 접어들면서 여성의 재생산권을 둘러싼 사회와 문화 권력의 개입이 또다시 강화되는 추세를 보인다. 최근 트럼프 집권 때 구성된 미국 연방대법원이 '로 대 웨이드' 판결을 뒤집으면서 낙태(임신 중단)에 대한 헌법상의 권리를 보장받지 못하게 됨으로써 50여 년 만에 낙태 보장권의 법적 근거가 흔들리게 되었다. 이러한 미국의 사태는 낙태의 합법화 문제를 세계적 이슈로 부상시켰다. 필더스 감독이 제인들의 이야기를 트럼프의 시대가 왔을 때 영화화하기로 결심했다고 제작 의도를 밝혔듯이, 2022년 대법원의 판결에 앞서 개봉된 〈더 제인스〉와 〈콜 제인〉은 이러한 현실을 예견한 영화들이다.

한국의 현실 역시 이러한 세계적 추세와 다르지 않다. 2019년 4월 헌법재판소가 '낙태죄는 헌법정신에 위배된 법률이다'라는 판결을 해 '낙태죄'로 불리던 형법을 2020년 말까지 유예기간을 두고 폐지하였다. 이에 형법으로서 낙태죄는 효력이 상실되었지만, 현행 모자보건법 조항은 여전히 개정이 필요한 상황이다. 현재 국회에는 모자보건법 관련 개정안뿐 아니라 형법 조항을 수정하려는 개정안을 포함하여 7건이 발의만 되어 있을 뿐 계류 중이다. 이처럼 낙태죄의 위헌 결정 이후에도 아직 불법이냐 합법이냐의 논쟁조차 끝나지 않은 상태에서 낙태죄 전면 폐지 입법은 여전히 표류하고 있다. 바로 이러한 우리 사회의 현실을 말하고 변화시키려는 의도에서 〈더 제인스〉가 "한국 관객들에게도 공감과 용기를 줄", "동시대의 한국 여성 관객들에게 크게 공명하는 영화"로 2022년 서울국제여성영화제 개막작으로 선정된 것이다.

특히 저출산·고령화 문제가 초미의 현행 국정과제로 부상되고 있는 우리 사회에서 태아의 생명권과 임신한 여성의 자기 결정권을 절충할 수 있는 방안 모색은 쉽지 않아 보인다. 그러나 임신 중지를 판단하기 어려운 윤리적 딜레마로 간주하고, 전통적으로 특정 부류의 사람들에게 일방적으로 희생을 강요하는 방식으로 그 딜레마를 쉽게 해결하는 방법은 지양해야 할 방안인 것은 분명한 사실이다. 에르노가 자신의 글쓰기를 "나와 같은 부류의 한풀이"를 위한 글쓰기라고 할 때, 그것은 바로 이러한 일방적인 희생을 강요당하는 부류를 대변하는 정치적 행위의 실천으로서의 글쓰기를 의미한 것이다(『카사노바 호텔』).

국회에 계류 중인 모자보건법 조항의 개정은 윤리적 딜레마로서 태아의 생명권보다는 임신한 여성의 자기 결정권이라는 우리 사회의 여성에 대한 차별 존치의 문제와 직결되는 사안이다. 태아의 생명권은 형법상의 문제이다. 형법이 규정하는 생명권은 진통 시를 기준으로 태아가 사람이 될 때 갖는 것으로 보며, 따라서 생명권은 그 이후에 논할 수 있는 것이다.

그렇다면 태아 상태에서는 여성의 자기 결정권이 우선되어야 한다는 주장이 더 설득력이 있다.

에르노는 불법 낙태를 했다는 것이 아니라 그 경험에 대하여 아무 것도 하지 않았다는 것, 즉 글쓰기를 하지 않았던 것에 대하여 "유일한 죄책감"을 느꼈으며, 그것을 지우기 위해 『사건』을 썼다고 밝힌다. 이러한 원작을 각색한 디완의 〈레벤느망〉의 OTT를 통한 개봉은 1960년대 한 노동자 계급 출신의 프랑스 여대생의 용기에 지금 이 시대 그녀와 "같은 부류"의 여자들도 공명하고 있음을 그리고 서로의 연대와 용기로 새로운 의미를 생성할 수 있음을 보여주는 시의적절한 '사건'이다.

원작의 일인칭 화자와 영화의 카메라 의식

디완의 영화에 대한 원작자 에르노의 평가는 안에게 닥친 임신과 불법 낙태의 잔혹한 현실을 "최대한 사실적으로" 용기 있게 보여준 "진실한 영화"라는 극찬이었다. 원작은 현재의 시점에서 과거의 사건의 세부적 요인들을 찾아 메모하고 "반과거 시제"(『사건』)를 사용하여 분석하는 에르노 특유의 방식으로 글쓰기를 전개하고 있다. 특히 괄호 속에 마치 지문처럼 현재의 시점에서 과거의 사건에 대한 반추와 해설의 내레이션을 첨부하는 방식을 사용하여 과거의 세계와 자기 몸에 새겨진 "기억과 연결된 먼 과거의 무언가"로 빠져 그 심연을 탐색하는 글쓰기임을 일인칭 화자는 수시로 독자에게 상기시킨다. 그러나 이 영화는 카메라가 주인공 안의 일상을 따라가며 생리가 시작되기를 기다리는 순간부터 임신이 중지되고 학교의 일상으로 다시 돌아와 무사히 졸업시험을 보는 순간까지의 과정을 어떤 반박, 평가, 과장의 내레이션 없이 보여주는 방식으로 그녀의 일상에 찾아온 갑작스러운 비극을 보여준다. 이처럼 소설을 영화로 매체 전환을 할 경우, 소설의 일인칭 화자는 〈단순한 열정〉에서처럼 보이스오버로 대체되기도 하지만, 이 영화의 경우처럼 카메라가 그 역할을 주로 대신한다.

시종일관 안을 따라가는 이 영화의 카메라는 소설의 일인칭 화자의 관점과 의식을 대신하는 역할을 한다. 원작의 일인칭 화자는 과거의 사건을 떠올린다는 것, 그것을 쓴다는 것은 "잃어버렸던 삶을 다시 만났다는 감정이 드는 순간을 기록"하는 것이며, "그 감정은 "내가 거기에 다시 있었던 것처럼"이라는 표현으로 아주 정확하고도 자연스럽게 번역된다"고 괄호 속에 첨언한다. 이 영화의 카메라가 하는 것이 바로 보존된 과거에 다시 있었던 원작의 화자의 역할이다.

원작의 화자는 용감하게 과거의 심연으로 진입하여 거기에 존속하고 있는 "과거의 시트" 속에 보유된 순수 사건을 다시 발견한다. 과거의 심연으로 연결된 현재의 첨점에서 일어난 이러한 발견은 "새로운 현실의 도약, 삶의 분출"의 발견을 의미한다. 원작의 화자를 대신하여 과거의 장소 거기로 들어간 이 영화의 카메라는 주 단위로 시간의 흐름에 따른 안의 임신한 몸의 변화, 공포감, 시대를 역행하는 야만스러운 해결 방법들이 모두 실패할 때마다 그녀가 겪는 혼란과 좌절, 그런데도 반드시 끝을 보겠다는 확고한 결의에 따른 낙태 시술 등, 사건의 추이를 추적하여 기록한다. 그리고 마침내 엔딩에 이르러 안을 쫓던 카메라는 자신의 미래에 대한 강한 확신을 보여주는 그녀의 건강하고 밝은 얼굴을 담는다. 이처럼 이 영화는 원작 화자의 존재를 대신한 카메라가 과거 사건의 장소로 돌아가 그 추이를 다시 목격하는 가운데 관객이 미래로의 탈주의 가능성을 발견하도록, 즉 정치적 또는 성정치적 각성에 이르도록 유도하는 카메라 의식을 창출한다.

"집에 있는 여자로 만드는 병"에 걸린 안의 투병

부모와 교수의 기대를 한 몸에 받고 있는 우등생 안은 사랑과 쾌락을 누리는 그녀의 몸이 남자들의 몸과 본질적으로 다르지 않다고 생각했다. 그러나 예기치 않은 임신을 하게 된 안은, 학업이 부진했던 이유를 묻는 교수에게 대답하듯이, "여자만이 걸리는 집에 있는 여자로 만드는 병", 즉 여자를 재생산 활동, 임신, 출산, 육아, 가사노동을 하는 사적인 영역인 가정에 머물게 만드는 병에 걸리게 된 것이다. 안이 원하지 않았던 임신을 집에 있는 여자로, 젠더의 틀에 갇힌 여자로 만드는 병으로 간결하게 정의

클럽에서 춤추는 안

하듯이, 공부를 계속하고 싶은 안의 발목을 잡은 것은 여성의 재생산권, 재생산 권리에 대한 국가와 문화 권력의 강압적 개입이다.

지금은 아니지만 언젠가는 아이를 낳기를 원하는 안이 주장하는 것은 21세기에 들어서야 본격적으로 논의 또는 논란의 이슈가 된 재생산권, 재생산 권리이다. 재생산 권리란, 최근 성적권리와 재생산 정의를 위한 센터 "셰어(SHARE)"가 제시한 정의를 참조하면, "차별·강요·폭력·사회적 낙인 없이 자녀를 가질지 여부와 시기, 방법, 자녀 수 등을 스스로 결정하고 행사할 권리"를 의미한다. 1960년대 안은 이러한 재생산권, 자신의 몸과 재생산 과정을 결정하고 통제할 수 있는 권리를 위해 자신의 목숨과 맞바꿀 수도 있는 선택을 할 수밖에 없었다. 카메라는 이러한 선택을 한 안을 잔인할 정도로 차분하게 추적한다.

주차 별로 주말에 집과 학교에 오가는 안을 따라가며 카메라는 종종 그녀의 초조, 좌절, 불안의 얼굴을 프레임 속에 클로즈업으로 가득히 담곤 한다. 이러한 장면의 반복은 공부 잘하는 딸의 신분 상승을 위해 희생을 감수하는 부모가 속한 노동자 계급의 세계와 대학 친구들이 속한 그리고 자신도 진입할 수 있을 것 같은 중산층 세계 사이에 낀 경계인으로서의 안의 입지를 부각한다. 경계인으로서의 안의 입지는 지금 그녀가 처한 위기의 무게를 더욱 가중한다.

이 영화는 낙태라는 민감한 주제에 계급성의 문제를 중첩해 함께 다룬다. 따라서 이 영화는 출신 계급이 다른 안을 헤픈 여자로 따돌리는 올리비아(루이즈 슈비요트)를 비롯한 기숙사 친구들, 남자친구인 정치학 전공 막심과 그의 친구들과 안 사이에 좁힐 수 없는 거리감을 부각해 사회적 문화적 권력에 의한 구별 짓기, 즉 아비투스를 표출한다. 안은 긴장과

막심과 그의 친구들과 휴가를 보내는 안

불안감을 떨쳐보려는 생각에 막심과 함께 휴가를 보내고자 보르도로 그를 만나러 간다. 그러나 그녀는 그와 그의 중산층 친구 커플과 어울리지 못하고, 도중에 혼자서 떠난다. 바닷가에서 그들로부터 떨어져 혼자 바다로 들어가 힘차게 수영을 해 멀어져가는 안을 말리러 따라오는 막심에게 단호하게 가라며 뒤도 돌아보지 않는 장면은 그 거리감과 아비투스를 시각적으로 잘 드러내 보인다. 그러나 이 장면은 자신의 출신 성분과 친구들과의 거리감을 인식한 안의 수치심과 열등의식보다는 오히려 성적 금기와 위선적 도덕을 고의로 무시하는 그녀의 당당함에 대하여 체제 순응적인 중산층 출신 막심이 느끼는 위협감과 질투심을 극명하게 드러내 보이는 에피소드로 간주할 수 있다.

   이 영화에서 가장 순응적인 부르주아 계층을 대변하는 등장인물들은 임신한 안의 몸에 직접적으로 국가권력을 행사할 수 있는 기성세대 의

사들이다. 안의 임신을 진단하고 임신확인서를 보낸 의사는 딸의 교육과 장래에 대한 안 어머니의 열성을 높이 사는 가족 주치의로 그녀의 처지를 안타까워는 하지만 결코 낙태를 도와주지는 않겠다는 입장을 분명하게 보인다. 두 번째로 안이 낙태의 도움을 받고자 찾아간 의사는 그녀가 대학생이라고 신분을 밝히자 같은 학교에 다니는 친구 아들 이야기를 하며 "자신들이 속한 세계로 진입할 수 있는 '평범한' 계층의 훌륭한 학생" 안에게 "은밀한 공모"의 호감을 보인다. 그러나 안이 낙태를 요구하자 태도를 바꾸며 생리를 하게 하는 약이 아니라 오히려 태아의 건강을 위한 약을 처방해 주면서 그녀를 배신한다.

안이 찾아간 의사들은 돈도 연줄도 없는 여자, "임신할 정도로 멍청한 여자" 때문에, 그녀를 죽게 방치하는 법이지만 낙태법을 위반해서 모든 것을 잃고 싶지 않다. 그런 위험을 감당하기보다는 차라리 그녀가 죽

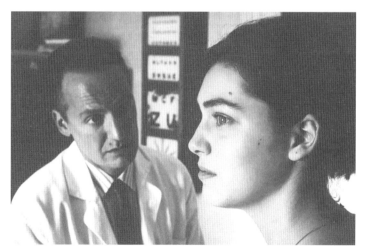

의사를 찾아가 임신을 확인한 안

는 편이 더 낫다고 솔직하게 인정하지 못할 정도로 이들은 위선적이다. 안이 혼자서 알아서 해결되길 바라는 막심처럼 이들 또한 그녀가 알아서 해결 방법을 찾거나 모든 것을 포기하고 주어진 상황을 받아들일 것을 바랐을 것이다. 이들을 비롯하여 그녀의 임신 사실을 아는 주변 사람들은 선택권이 당사자 안에게는 없고, 사회가 갖고 있으며, 그러나 모든 잘못과 책임은 선택권을 박탈당한 안에게 있다는 부조리한 상황에 대해서는 결코 의문을 제기하지 않는다.

안의 해방 일지

사실 안을 도와준 사람들은 친한 친구, 가족, 태아의 아버지 막심도 아니다. 전혀 친분이 없는 또는 오히려 적대감을 느끼고 있던 사람들이 그녀를 도왔고, 이들은 모두 여자라는 공통점을 갖고 있다. 그러나 안이 불법 낙태를 결심하고 제일 먼저 도움을 청한 사람은 여자애들을 많이 알고 있는 남학생 장(케이시 모테트 클라인)이었다. 그는 안의 입장을 이해하기보다는 오히려 임신 걱정이 없이 안전한 섹스를 안과 즐기고 싶은 욕구를 노골적으로 표현한다. 그래도 그는 주변의 위선적인 남자들과는 달리 안을 도와줄 불법 낙태 경험이 있는 여자를 소개해 주는 간접적인 도움을 베푼다. 안에게 본인이 체험한 것 그리고 도울 수 있는 모든 도움을 기꺼이 제공해 준 익명의 여자는 같은 시기에 활동을 한 미국 시카고의 제인을 연상시킨다. 그녀의 도움으로 파리의 불법 임신중절 시술사와 약속을 잡고 나자 마침내 안은 일단 안도감을 느낄 수 있게 되었다. 이러한 과정을 겪으며 안은 이제 더 이상 남의 눈을 의식하지 않겠다고 다짐하게 된

수업 중 낙태 방법을 궁리하는 안

다. 대학생들이 출입하는 클럽에 놀러 와 안에게 접근했고 그녀 역시 자신의 스타일로 호감을 느꼈던 소방관을 친구들이 거칠게 떼어놓았었지만, "금지당한" 것에 대한 욕구의 억압을 그렇게 표출한 친구들의 만류를 이제 당당하게 무시한다. 안이 그 소방관을 찾아가 주도적으로 섹스를 하는 장면이 이 영화의 유일한 섹스 장면이다.

12주차 파사주 카르디네에 있는 낙태 시술소를 찾아가는 안을 따라가는 카메라는 골목 계단을 내려가는 안의 뒷모습에 포커스를 맞추고 마치 막다른 골목처럼 보이는 전경은 아웃포커싱을 한 채 그녀의 발걸음 소리만 담고 있다. 이러한 기법으로 카메라의 의식은 안이 불안하고 초조한 심정에 시야가 흐려지는 것을 포착한다. 안이 찾아간 간호조무사로 불법 임신중절 시술을 하는 여자(아나 무글라리스)는 절박한 안에게 감정을 드러내 보이지 않고 냉철하게 1차 시술, 그리고 실패하자 모든 것을 건 2차 시술까지 자신이 할 수 있는 "최선의 방식"으로 안에게 가장 실질적인 도움을 준 사람이다.

안을 도와준 가장 뜻밖의 인물은 안을 헤픈 여자로 몰았던 올리비아였다. 아마도 그녀가 종교와 부르주아적 신념을 따랐다면 안을 돕지 못했을 것이다. 그러나 2차 시술 후 기숙사에 돌아온 안이 밤에 위급한 상황에 부닥쳤을 때 그녀의 곁에서 임시산파 역할을 용감하게 해 준 사람은 바로 올리비아였다. 탯줄을 자른 후 심한 하혈로 의식을 잃어가는 안을 위해 대신 의사를 불러준 사람도 그녀였다. 긴박하게 안을 따라다닌 카메라도 이제 심하게 흔들리며 들것에 실려 나가는 안과 어둠 속에서 그녀를 내려다보는 기숙사 학생들을 비춘다. 그러다 병원 수술실의 밝은 불빛 속

혼자 낙태를 시도하기 위해 뜨개질바늘을 소독하는 안

에서 "뭐라고 적을까요?"라고 묻는 물음에 "유산"(범죄가 되는 낙태가 아니라)이라는 의사의 목소리를 들으며 안도의 숨을 쉬는 안을 비춘다. 곧 안이 의식을 잃자, 카메라 또한 정지하고 잠시 하얘진 공백의 스크린이 지속된다.

카메라는 다시 서서히 7월 5일 눈이 부신 태양 아래 새소리와 학생들의 떠드는 소리가 가득한 캠퍼스를 걸어가는 안의 뒷모습을 화면 정중앙에 담은 채 그녀를 따라 강의실로 들어간다. 학우들과 함께 착석해서 위고의 시를 문제로 졸업시험 답안지를 열심히 쓰는 안과 그녀의 펜 소리를 담는 장면으로 엔딩에 이른다. 드디어 모든 일이 끝나고 다시 강의실에 돌아온 안의 평온하고 빛나는 얼굴은 이제 교사가 아니라 작가가 되고 싶은 자신의 미래에 대한 확신을 보여 주는 엔딩이다. 이와 같은 카메라의 움직임으로 이 영화는 소설의 일인칭 화자의 내레이션을 시각적 이미지로 포착하여 보여줌으로써 안의 투병과 해방 일지를 전개한다. 1960년대 사건에 대한 안의 해방 일지를 전개하는 이 영화의 카메라는 관객이 1960년대 사건의 새로운 의미 생성 과정을 목격하고, 나아가 우리의 과거, 현재, 미래를 새롭게 인식하는 정치적 각성에 이르게 만드는 카메라 의식을 창출한 것이다.

21세기 여성의 재생산권과 출산 정책의 새로운 방향성

20세기엔 국력 과시의 경쟁이 주로 우주에서 일어났다면, 21세기 기술과학 시대는 그 경쟁의 장이 마지막 프런티어인 인간의 재생산 영역, 특히 여성의 몸, 자궁으로 옮겨왔다고 볼 수 있다. 이에 여성의 몸은 국가와 문화 권력뿐 아니라 21세기 국가경쟁력의 지표 향상을 위해 이중의 식민화를 이제 겪게 된 것이다. 이러한 이중적 식민화와 더불어 우리나라의 경우, 급진적으로 가속화된 저출산 현상은 여성의 재생산권에 대한 더욱 강력한 공권력의 행사를 부추기고 있다. 심각한 저출산 현상이 다각적으로 실효성 있는 정책 모색과 추진을 긴급하게 요구하고 있지만, 이 문제를 해결하는데 무엇보다도 먼저 다루어야 할 중요한 관건은 바로 여성들의 재생산권 확보 이슈이다. 기술과학 시대를 맞아 경쟁적으로 발달한 신재생산기술이 여성의 재생산 과정에 공격적으로 개입을 하고 있다. 이에 우리는 여성의 몸과 재생산에 대한 폭력과 억압을 더 강하게 의식하게 되며, 자기 몸에 대한 통제력을 스스로 행사하고자 하는 여성의 재생산권 주장은 더욱 절실해질 수밖에 없다.

이 영화가 용기 있게 보여주는 1960년대 안이 경험해야 했던 여성의 몸에 자행된 야만스러운 짓들의 충격적인 장면이 시사하는 잔혹한 현실을 21세기 기술과학 시대의 여성들 역시 여전히 직면하고 있다는 것은 상상하기 어려울 정도로 시대를 역행하는 사실이다. 이에 국가의 출산 정책은 일단 여성의 재생산권 확보 문제를 우선순위로 하여 새로운 방향성을 모색해야 할 것이다.

| 참고문헌 |

김 경   〈아임 낫 스케어드(I'm not scared·나는 두렵지 않다)
         : 전복적 매혹, 소프트 파워

         Cristiana Paternò (Paterno, Cristiana, Gabriele Salvatores. "My
              Sun-Filled Thriller", URL https//cineuropa.org〉 interview
              (2023.3.28)
                                                    사진 ⓒ 네이버 영화

김경욱   히틀러 추종자들의 초상: 〈의지의 승리〉, 〈한나 아렌트〉, 〈메피스토〉

         김태형, 『싸우는 심리학』, 서해문집, 2022.
         지그프리드 크라카우어, 『칼리가리에서 히틀러로』, 장희권 역, 새물결,
              2023.
         톰 숀, 『크리스토퍼 놀란』, 윤철희 역, 제우미디어, 2021.
                                                    사진 ⓒ 필자 제공

김희경   스톱모션 애니메이션에 침투한 따뜻하고 서늘한 권력의 광기
         : 〈기예르모 델 토로의 피노키오〉
                                                    사진 ⓒ 네이버 영화

서곡숙   다큐멘터리영화 〈김군〉: 국가 폭력의 광기

         Giorgio Agamben, Homo Sacer: Il potere sovrano e la nuda vita,
              1995, 조르조 아감벤, 박진우 역, 『호모 사케르 - 주권 권력과 벌
              거벗은 생명』, 새물결, 2008.
         Judith Butler, Precarious Life, 주디스 버틀러, 윤조원 역, 『위태로운
              삶: 애도의 힘과 폭력』, 필로소픽, 2018/2021.
         Maurice Merleau-Pont, Humanisme et Terreur, 1947, 모리스 메를
              로퐁티, 박현모·유영산·이병택 역, 『휴머니즘과 폭력 - 공산주
              의 문제에 대한 에세이』, 문학과지성사, 2004.

René Girard, La Violence et le Sacre, 1972, 르네 지라르, 박무호·김진식 역, 『폭력과 성스러움』, 민음사, 2000.
Slavoj Žižek, Violence: Six Sideways Reflections, 2008, 슬라보예 지젝, 정일권·김희진·이현우 역, 『폭력이란 무엇인가 - 폭력에 대한 6가지 삐딱한 성찰』, 난장이, 2011.
제라르 쥬네트, 권택영 역, 『서사담론』, 교보문고, 1992.
이다운, 「역사적 트라우마에 대한 영화적 기록 - 〈박하사탕〉을 중심으로」, 『한국문예비평연구』 62호, 한국현대문예비평학회, 2019.
사진 ⓒ 네이버 영화

김경수   기후 영화Cli-ci를 생각하기
사진 ⓒ 네이버 영화

김채희   이상적인 정치 영화를 꿈꾸며

구스타프 플로베르, 민희식 옮김, 『보바리 부인』, 문예출판사, 2007
자크 랑시에르, 오윤성 옮김, 『감성의 분할』, 도서출판b, 2012년
장 프랑수아 리오타르 외, 「숭고와 관심」, 『숭고에 대하여』, 문학과 지성사, 2005
Michelangelo Antonioni, "La méthode de Michelangelo Antonioni", Cahiers du Cinéma, n° 342, Décembre, 1982
사진 ⓒ 네이버 영화

김현승   〈더 메뉴〉: 평론가, 예술가, 관객의 위치
사진 ⓒ 네이버 영화, IMDb, kakaopage

이현재   반-정치의 이미지를 향하여: 세르히 로즈니차와 이미지 윤리의 정치
사진 ⓒ 네이버 영화, 다음 영화

198

송영애 〈정이〉와 〈더 문〉에서 작동하는 미래 권력의 폭력성

사진 ⓒ 네이버 영화

윤필립 〈정말 먼 곳〉: 권력으로 강요된 정상성과 강제된 젠더성에 대한 도전

사진 ⓒ 네이버 영화

정문영 〈레벤느망〉: 여성의 재생산권과 국가와 문화 권력

사진 ⓒ 다음 영화

| 르몽드 코리아의 책 |

영화와 가족

김경욱, 서곡숙, 최재훈 외

영화가 영상매체이자 이야기 매체라고 할 때, 이야기의 중심에는 인간이 놓일 수밖에 없다.

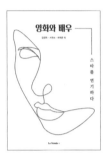

영화와 배우

김경욱, 서곡숙, 최재훈 외

우리는 거의 매일 영화나 드라마를 접하고 있기에, 배우가 연기하는 건 너무 친숙한 사건이다. 그런데 되돌아보면 '배우가 연기한다'는 건 참 이상한 일이기도 하다.

영화와 관계

서곡숙, 서성희 외

인생의 어느 한 지점에서 만날 수 있는 여러 관계들을 그려낸 영화들 중에서, 영화평론가들의 마음 한 구석을 불편하게 만들었던 영화와 등장인물들의 관계에 주목했다.

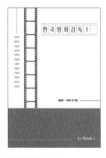

한국영화감독 1

김경욱, 서곡숙 외

2019년, 한국영화는 100주년을 맞았다. 그 가운데 최근 가장 주목받는 감독과 특정 필자가 선호하는 감독을 중심으로 12명을 선정했다.

유럽영화감독 1

서곡숙, 박태식 외

이 책은 유럽영화의 문법에 익숙하지 않은 독자들이 보다 쉽게 유럽영화에 입문할 수 있는 길잡이가 되어줄 것이다.

미국영화감독 1

서곡숙, 이현경 외

결론적으로 영화의 주제나 시각적 스타일 등 어떤 하나의 잣대로 이들 감독을 묶을 수 없다.

영화로 읽는 세계 전쟁사

김병재 저

역사를 들여다보는 방법은 많다. 영화 역시, 끊임없이 스크린 속으로 역사를 끌어들여왔다. 그렇게 영화는 전쟁이 몰고 온 인간의 삶과 죽음에 주목해 왔다.

영화로 읽는 도시 이야기

서곡숙, 서성희 외

영화 속 공간은 이야기를 진행시키는 실체적 배경이다. 강한 빛만큼이나 짙은 어둠이 드리운 도시의 풍경은 사람들의 삶을 더 영화적으로 만들어가고 있다.

영화의 장르, 장르의 영화

서곡숙, 이호 외

우리는 왜 영화를 장르적으로 사고하고, 장르적인 분류법에 따라서 영화를 읽고 공부하려 하는가?

욕망의 모모한 대상

서곡숙, 최재훈 외

사회적 함의 속에서 욕망에 관한 영화는 그 태도에서 명백하게 갈등에 빠지고 만다. 하지만 그런 안전장치를 과감하게 깨부수고, 강렬한 메시지를 선택하는 영화도 있다.

소사이어티 없는 카페

성일권 저

이 글은 세상에 늘 낯선 이질감을 느끼는 어느 표류자(漂流子)가 표표히 흐른 지난 세월의 흔적들을 더듬어본 소소한 기록이라 해야겠다.

세계문학 오디세이아

안치용 저

이 책은 '사랑', '근대', '구원' 등 16개 주제로 누구나 동의하는 세계문학 고전을 종횡무진 휘저어 탐색한 결과물이다.

문화, 정상은 없다

류수연, 서곡숙, 이병국 외

우리 삶 저변에 놓인 정상성 논의가 우리에게 가하는 억압과 차별의 기제를 살펴보고 이를 돌파할 여지를 모색하고자 하였다.

문화, 공동체를 상상하다

서곡숙, 양근애, 이주라 외

공동체는 문화만큼이나 크고 넓은 말이기에 망라할 수 없는 미지의 영역으로 끊임없이 움직이고 있다.

문화, on & off 일상

류수연, 서곡숙, 이병국 외

온/오프라인 환경에서 나타난 문화의 변화 양상과 그것이 우리 삶에 미치는 영향을 민감하게 감각하여 이를 분석해 내었다.

비판 인문학 120년사

성일권 저

인문주의는 인간 고유의 가치를 담은 예술·종교·철학·과학·윤리학 등을 존중하며, 인간을 짓밟는 모든 압력을 떨쳐내려는 노력을 일컫는다.

페미니즘과 섹시즘

피에르 부르디외 저

여성들이 자신의 존엄성을 찾기 위해 한 세기 넘도록 힘겹게 투쟁해온 지난한 여정을 담고 있다.

그곳에 가면 다른 페미니즘이 있다

에마 골드만 저

국제사회에서의 여성 억압 현실과 여성들의 투쟁과 전진, 그리고 여성운동의 성취와 과제를 짚어본다.

좌파가 알아야 할 것들

르몽드 디플로마티크 저

진보정치를 향한 인류의 거대한 희망과 그 희망을 실현하기 위한 다양한 실험과 좌절, 새로운 진보정치의 재시도, 그리고 한국 진보정치의 시련과 도전을 다루고 있다.

극우의 새로운 얼굴들

세르주 알리미 외

지구적으로 세계화의 그늘에서 독버섯처럼 퍼지고 있는 극우세력의 실체와 그 위험성을 담아내고 있다.

영화의 장르, 장르의 영화

슬라보예 지젝 외

저평가되는 장르들은 형태의 배반이며, 의미의 배반이다. 이것들은 형태를 새롭게 하며, 의미에 질문을 제기한다.

국제관계 전문시사지 〈르몽드 디플로마티크〉는 프랑스 〈르몽드〉의 자매지로 전세계 20개 언어, 37개 국제판으로 발행되는 월간지입니다. 계간 무크지 〈마니에르 드 부아르〉와 계간 비평지 〈크리티크M〉을 함께 펴내고 있습니다.

영화와 권력: 광기와 매혹, 멀고도 가까운…

초판 1쇄 발행   2023년 11월 25일

지은이   김 경 김경수 김경욱
             김채희 김현승 김희경
             서곡숙 송영애 윤필립
             이현재 정문영
펴낸이   성일권
펴낸곳   (주)르몽드코리아
커뮤니케이션   최승은 박지수
디자인   조은수
인쇄·제작   디프넷
표지이미지   Freepik

펴낸곳   (주)르몽드코리아
주소   서울특별시 마포구 양화대로 1길 83 석우 1층
출판등록   2009. 09. 제2014-000119
홈페이지   www.ilemonde.com
SNS   https://www.facebook.com/ilemondekorea
전자우편   info@ilemonde.com

ISBN   979-11-92618-42-5

이 도서의 국립중앙도서관 출판예정도서목록(CIP)은
서지정보유통지원시스템 홈페이지 (http://seoji.nl.go.kr) 와
국가자료공동목록시스템 (http://www.nl.go.kr/kolisnet) 에서 이용하실 수 있습니다.